Im 16. Jahrhundert verwüsteten politisch-konfessionelle Bürgerkriege zahlreiche Städte, ja ganze Landstriche. Und obwohl es mit dem Westfälischen Frieden (1648) gelang, viele Gegner zu befrieden, hatten die blutigen Auseinandersetzungen doch gezeigt, daß die herkömmlichen Mittel der altständischen Ordnung nicht mehr ausreichten, um ein friedliches Zusammenleben zu garantieren. Mehr noch: Die ungeheuren Verwüstungen nötigten die Zeitgenossen, über neue Grundlagen einer *societas civilis* nachzudenken. Am Ende dieser oft widersprüchlichen Überlegungen – so die These Fred Schraders – stand schließlich das, was wir die bürgerliche Gesellschaft nennen.

In einer souveränen Mischung aus Geistes-, Sozial- und Mentalitätengeschichte kommt Schrader den unterschiedlichen Facetten dieses langsamen Entstehungsprozesses der bürgerlichen Gesellschaft auf die Spur: Die gesellschaftstheoretischen Entwürfe eines Locke oder Rousseau verfolgt er genauso wie die langsame Herausbildung moderner Verfassungsvorstellungen, die Geburt der ersten Diplomatenschulen ebenso wie die geselligen Vereinigungen der Aufklärer, die neue Gesellschaftsentwürfe diskutierten.

Freilich wurde über die neuen Gesellschaftsentwürfe und neuen Modelle des Zusammenlebens nicht nur in gelehrten Zirkeln debattiert, sondern sie wurden auf unterschiedlichsten Ebenen des alltäglichen Lebens auch realisiert. So entsprachen etwa die kulinarische Revolution, die neuen Vorstellungen von einem bürgerlichen und natürlichen, gesunden und auf den Regeln der Vernunft basierenden Menü genauso dem neuen Programm einer *societas civilis* wie die Kultivierung des geselligen Lesens oder des feierlichen Theaterbesuches und die Inszenierung sentimentalisierter Männerfreundschaften.

Fred E. Schrader, geboren 1948, ist Professor für »Histoire et Civilisation« an der Universität Paris VIII (Saint-Denis) und lehrt außerdem an der Maison des Sciences de l'Homme, der École des Hautes Études en Sciences Sociales und an der Universität Paris I (Panthéon-Sorbonne).

Europäische Geschichte

Herausgegeben von Wolfgang Benz

Konzeption: Wolfgang Benz,
Rebekka Habermas und Walter H. Pehle

Europäische Geschichte

Fred E. Schrader

Die Formierung der bürgerlichen Gesellschaft

1550 – 1850

Fischer
Taschenbuch
Verlag

Originalausgabe
Veröffentlicht im Fischer Taschenbuch Verlag GmbH
Frankfurt am Main, Oktober 1996

© 1996 Fischer Taschenbuch Verlag GmbH, Frankfurt am Main
Alle Rechte vorbehalten
Redaktion: Tanja Hommen
Gesamtherstellung: Clausen & Bosse, Leck
Printed in Germany
ISBN 3-596-60133-9

Gedruckt auf Munken Print Extra der Papierfabrik Munkedal AB, Schweden

Inhalt

Bürgerliche Gesellschaft und politische/ kulturelle Autonomie

Bürgertum, zumal »neues« Bürgertum wird in der Regel mit dem 19. Jahrhundert assoziiert, in dem die Standesschranken fallen und die Gesellschaft sich neu nach Schichten und Klassen formiert. Hier ist jedoch etwas anderes gemeint: die Herausbildung einer bürgerlichen Gesellschaft als *societas civilis*. In der Tat reichen um diesen Begriff herum die Projekte einer friedlichen Vergesellschaftung bis ins 17. Jahrhundert zurück.[1] Diese Überlegungen zu einer *societas civilis* entstehen unter dem Eindruck der ungeheuren Verwüstungen, die die politisch-konfessionellen Bürgerkriege allenthalben angerichtet haben. Jedes Land, ja jede Region, manchmal selbst jede Stadt findet ihre eigene Lösung, mehr oder weniger spät, mehr oder weniger stabil. Die Suche endet nicht mit den Westfälischen Friedensschlüssen, vielmehr beginnt sie vielerorten erst nach 1648 richtig. Häufig – in Nordamerika, in Frankreich und in England – führt die Suche auch zu Bürgerkriegen. Mit den europäischen Revolutionen von 1848/49 scheint diese Epoche schließlich zu enden.

Beginnen die Überlegungen zu einer *societas civilis* bereits im 17. Jahrhundert, so ist es nur folgerichtig, davon auszugehen, daß sich die bürgerliche Gesellschaft keineswegs – wie gemeinhin behauptet – gegen die ständische Gesellschaft oder in Opposition zur (absoluten, aufgeklärten oder gemäßigten) Monarchie ausbildete, sondern innerhalb dieser. Mehr noch: Die ständische Gesellschaft ist bereits in einer Umformung begriffen. Das »neue« Europa betrifft zunächst eine gesellschaftlich schmale Schicht der wirtschaftlichen, administrativen, militärischen, politisch-diplomatischen, religiös-konfessionellen, kulturellen, intellektuellen Funktionseliten, später aber auch breitere Schichten von Handwerkern, selbst von Arbeitern. Sie nehmen am Umbildungsprozeß der europäischen Gesellschaft teil, vielleicht mit weniger spezialisiertem intellektuellem Einsatz, aber dennoch aufgeschlossen und engagiert für die neuen Vorstellungswelten, die sich eröffnen und miteinander konkurrieren.

Zwei weitere Momente kommen hinzu: Die Bürgerkriege wirken nachhaltig, generationenübergreifend, traumatisch, und sie stacheln die Anstrengungen für bürgerkriegsvermeidende Vergesellschaftungsformen an. Dennoch bleibt ein erstaunlich hohes Gewaltpotential im Alltagsleben erhalten, unter Männern, zwischen Männern und Frauen, zwischen den Gesellschaftsschichten. Insofern etwa ist die Terrorherrschaft der Französischen Revolution kaum als exzeptionell zu verstehen.[2] Die Möglichkeit, die Vergesellschaftungsproblematik durch Einsatz unmittelbarer Gewalt zu lösen, findet noch bis zur Mitte des 19. Jahrhunderts viele Anhänger und wird schließlich auch von der Arbeiterbewegung übernommen. Daneben entwickelt sich das neue Modell der Domestizierung von Gewalt nicht durch Gewalt oder Gewaltandrohung, sondern durch mentale Akkulturation. Diese findet nicht nur und nicht einmal – und damit möchte ich auf einen weiteren, recht verbreiteten Irrtum hinweisen – in erster Linie am Hofe oder in Imitation des Hoflebens statt. Zwar wird dort mit Nachdruck das kriegerische Verhalten des Adels gezähmt und pazifiziert, etwa indem das Duellierungsverbot mit Hilfe des monarchischen Gewaltmonopols durchgesetzt wird. Die Auseinandersetzungen nehmen nun andere, der Form nach wohl »höfliche«, aber deswegen nicht minder scharfe und vernichtende Ausmaße an.[3] Doch es ist nicht allein einer Vorbildfunktion des Hoflebens zuzuschreiben, daß in der späteren bürgerlichen Gesellschaft der Griff zur Waffe verpönt sein wird, sofern nicht das persönliche Leben oder das Eigentum unmittelbar bedroht sind.

Wie der Begriff der *societas civilis*, so wird im vorliegenden Band auch derjenige der Autonomie in seinem spezifischen sozialgeschichtlichen Kontext untersucht.[4] In der altgriechischen Geschichte steht er in Opposition zu Fremdherrschaft und Tyrannis, im alten Rom wird er als das Vermögen umschrieben, »nach eigenen Gesetzen zu leben«. Dem Mittelalter scheint dieser Begriff völlig unbekannt zu sein. Bezeichnenderweise gewinnt er, offensichtlich im Zusammenhang mit den konfessionell-politischen Auseinandersetzungen, ab der Mitte des 16. Jahrhunderts an Aktualität.

Denn der Begriff der Autonomie bezieht sich nicht nur auf die Freiheit des Glaubens, sondern er hat auch politische Implikationen: »Daher sich dann diß Griechisch wörtlein (also nit allein auff Religion und Gewissen, sondern auch Politische sachen verstanden und gezogen werden mag) gar wohl schicket, also daß autonomia [...] anders nichts ist dann eine freye Willkühr, und macht, anzunehmen, zu thun, zu halten und zu glauben, was einer selbst wil und ihme gut dünkt und gefellig ist.«[5]

Bereits hier, in der nachfolgenden Interpretation des Augsburger Religionsfriedens von 1555, wird deutlich, daß die »freie Willkür« sich nicht auf individuelle Subjekte bezieht, sondern auf Fürsten und auf die von ihnen abhängigen Territorien. Autonomie, so wird im Laufe der Zeit präzisiert, ist eine soziale Kategorie, da Gesetze sich auf Gesellschaft beziehen. Das gilt eben auch dort, wo es sich um Rechtsbeziehungen zwischen Einzelpersonen handelt.

Tatsächlich gewinnt der Begriff der Autonomie in der Folge – oft unausgesprochen – zwei weitere Dimensionen, die eng zusammenhängen: Einerseits beginnen bestimmte Bereiche der Gesellschaft – wie Geselligkeit, Wissenschaft, Lektüre – sich von anderen, bislang dominierenden Feldern (wie denen der Kirche, des Hofes, ständischer Institutionen) abzukoppeln und diese zu analysieren; zum anderen macht sich der Wille bemerkbar, sich in diesen Bereichen eigene Gesetze, Verhaltensvorschriften, Verfahrensregeln zu geben und nach ihnen zu leben. Doch ist dies nicht als freie, unhistorische Spontaneität mißzuverstehen. Vielmehr verändert sich mit Theorie und Praxis der Autonomie der geschichtliche Entwurf der europäischen Gesellschaft selbst einschneidend, indem diese Bereiche sich zwar gleichsam selbst programmieren, gerade dabei aber aufeinander verweisen und einen Zusammenhang herstellen. *Societas civilis* und Autonomie stehen im Zentrum der Bemühungen um diesen neuen Entwurf.[6]

In dem hier behandelten Zeitraum, der sich über drei Jahrhunderte erstreckt, erleben alle Länder Europas gewaltsame Konflikte – seien es nun Bürgerkriege oder Kriege, die mit den herkömmlichen Mitteln der feudalen Gesellschaft nicht mehr gelöst werden können. Daher sucht man nach neuen Instrumenten der Regulierung. Die erste Hälfte dieser Epoche ist durch die individuelle und kollektive Bestandsaufnahme der Katastrophe sowie durch theoretische und praktische Lösungsversuche gekennzeichnet. In der zweiten Hälfte setzt sich ein Modell der Vergesellschaftung, der nationalstaatlichen Verfaßtheit, der zwischenstaatlichen Verhältnisse mitsamt der Etablierung neuer Funktionseliten durch, das nach innen Bürgerkriege weitgehend vermeidet und nach außen Europa und die Vereinigten Staaten von Amerika zu weltbeherrschenden Mächten werden läßt.

Bürgerliche Gesellschaft und Räume politischer wie kultureller Autonomie gehören zur tragenden Architektur dieses Europas. Ihre Besonderheiten sind von außereuropäischer Seite schon früh erkannt worden: die Abwesenheit persönlicher Herrschaft, die Ächtung individueller Gewalt- und Abhängigkeitsverhältnisse, die Vergesellschaftung durch begriffliche Abstraktionen, über die sich staatliche Macht organisiert, die mentale Sozialisation in Vorstellungswelten der Vergesellschaftung, über die sich Gesellschaft reproduziert. Was die ersten orientalischen Diplomaten als europäische Charakteristika erkennen und zu verstehen suchen, wird in Europa selbst in ideen-, politik-, diplomatie- und nationalhistorischen Codes überliefert, die sich gerade dadurch selbst kaum begreifen können, als sie integrale Bestandteile des Modells sind.[7]

Bei der bürgerlichen Gesellschaft handelt es sich zwar um ein gesamteuropäisches Phänomen, das sich aber länderspezifisch unterschiedlich durchsetzt und durch die Erfindung der Nation überlagert wird. Hier werden einige Länder und Regionen herausgegriffen: Frankreich, England und Deutschland vor allem.

Die Dimensionen der Vorstellungswelten der bürgerlichen Gesellschaft sind vielfältig, sie wandeln sich stetig. Einige dieser Vorstellungsräume, etwa die der Familie, werden skizziert, andere, wie die Musik, der Tanz, die Mode, aber auch Militär und Krieg, müssen ganz beiseite gelassen werden.

Die vorliegende Darstellung beschränkt sich auf diejenige Schicht, welche das Europa der bürgerlichen Gesellschaft erfunden und gewaltsam durchgesetzt hat. Nur an zwei Momenten – der Französischen Revolution und der englischen Chartistenbewegung – kann gezeigt werden, welche Formen des Widerstandes gegen diese Art der Vergesellschaftung entstanden sind. Es handelt sich um eine Weichenstellung, die für die Konstituierung der europäischen Arbeiterbewegung folgenreich und für die Verfaßtheit der bürgerlichen Gesellschaft selbst grundlegend sein wird.

Nach einer knappen Darstellung der bekannten konfessionell-politischen Bürgerkriege, die Europa im 16. und 17. Jahrhundert überziehen, geht es darum, wie die traditionell zunächst überwiegend adeligen Funktionseliten die für sie existentiellen Auseinandersetzungen erleben und wie sie darauf reagieren. Diese Reaktion ist mehrschichtig und verläuft auf verschiedenen Ebenen, die aber über die Erlebniswelten der handelnden Menschen miteinander verbunden sind.

Dazu gehört die Vorstellung der Freundschaft unter bzw. zwischen Männern, ein intimes, privates Verhältnis ohne Waffen, das zur gesellschaftlichen, ja universellen Utopie erweiterbar ist. Dazu gehört weiterhin die Erfindung der professionellen Politik und Diplomatie, die den Bereich der dynastischen Beziehungen erweitert und mit neuen Regeln versieht. Dazu gehören ferner die vielfältigen neuen Formen der Geselligkeit, die sich den traditionellen Gesellschaftsinstanzen entziehen, sie ergänzen oder ersetzen. Dazu auch gehören Praktiken wie die der Lektüre, der Öffentlichkeit, der kulinarischen Kultur. All dies sind zugleich individuelle wie kollektive ideelle, mentale Prozesse, die sich in gesellschaftliche Praxis umsetzen und Räume nicht nur der Vorstellung, der Imagination schaffen, sondern auch materielle Räume in Beschlag nehmen und eigene Bezirke abstecken: Bibliothek, Garten, Versammlungsraum, Kabinett, Salon, Café, Restaurant, begleitet von einem reichhaltigen materiellen Instrumentarium, das wiederum symbolträchtig aufgeladen sein kann, wie etwa in den Logen.

Wenn hier und im folgenden von Vergesellschaftung die Rede ist, so ist damit nicht nur das klassische rechtstheoretische Modell staatlicher Verfaßtheit der Gesellschaft angesprochen, wie es von Autoren wie Hobbes, Locke, Sieyès, Kant, Hegel und anderen beschrieben wird. Mit Vergesellschaftung sind auch die genannten Vorstellungen und Praktiken, der Sozialisationsbereich der Eliten zwischen Renaissance und Aufklärung gemeint, welche die soziale Binnenstruktur und auch das Personal für die politisch-rechtliche Gesellschaftsverfassung liefern.

Zu den besonderen, aber auch besonders schwierigen Aspekten der Durchsetzung der bürgerlichen Gesellschaft in Europa gehört, daß die sozial führenden Klassen lernen müssen zu akzeptieren, daß sie nicht unmittelbar auch politisch herrschen können. Jede Nation sucht dazu ihre eigene Lösung, aber alle Wege werden sich letztlich treffen. Zentral ist hier die Delegation der Politik an die spezifische »politische Klasse«, die aus einer Funktionselite besteht, welche die Repräsentationstechniken beherrscht, und aus einer ihr untergeordneten Bürokratie.

Wenn im folgenden immer wieder von kulturellen und politischen Eliten die Rede ist, dann bedarf auch das einer Erläuterung. Zunächst einmal handelt es sich dabei nicht um die Anwendung eines gesicherten soziologischen Begriffs – im Gegenteil:[8] Er drückt eine besondere sozialgeschichtliche Problematik aus, die zur Fragestellung dieses Buches gehört: daß nämlich in dieser Epoche alte und neue Führungsfunktionen im politischen, diplomatischen und kulturellen Bereich von Gruppen übernommen werden, deren Mitglieder sich ihrer Position nach nicht mehr ausschließlich anhand der Kriterien der feudalen, ständischen Organisationen klassifizieren lassen und sich auch selbst nicht mehr so verstehen. Die alte Gesellschaft bleibt zunächst unangetastet, soll aber reformiert werden. Ihre Homogenität erhalten jene Gruppen nunmehr durch gemeinsame soziale Funktionen und Machtausübung, durch Eigen- und Fremdeinschätzung, durch eine horizontale Solidarität der kleinen Zahl. Sie sind Produkt, Ausdruck und Lösungsversuche einer tiefgreifenden Krise der Gesellschaft und der Vorstellung von ihr.

Aufklärerische Kultur spielt in diesem Zusammenhang die Rolle eines universellen europäischen Bezugssystems, das trotz »offiziell« französischer Dominanz länderübergreifend und dezentral organisiert ist. Dieser Kulturzusammenhang ist auch zeitgenössisch durchaus unterschiedlich deutbar und national, regional und lokal hochdifferenziert ausgeprägt. Zudem ist der aufklärerische kulturelle Kontext alles andere als herrschaftsneutral. Er erweist sich freilich – um gängigen Deutungen entgegenzutreten – weder als antifeudal noch als protobürgerlich. Vielmehr gliedert er sich in einen Problemkomplex ein, der mit dem der europäischen Krise der Elitenreproduktion korrespondiert, öffnet sich teilweise den Mittelschichten, um zugleich neue, eben kulturelle soziale Schranken zu errichten.

Bürgerliche Emanzipation manifestiert sich in der aufklärerischen Kultur erst vermittelt. Diese bleibt – wieder im europäischen und selbst nordamerikanischen Bereich – auf der Suche nach Kompromissen, die althergebrachte Ordnungszusammenhänge und neue Anforderungen zu versöhnen sucht, die sich im Umbruch mehrfach überlagern. Aufklärung stellt hier – über staatlich geduldete oder sogar geförderte Selbstorganisation der intellektuellen und sozialen Lebensformen – ein soziokulturelles Experimentierfeld dar, auf dem neue gesellschaftliche Synthesen erstellt werden, die Modernisierungselemente enthalten, ohne die Gesellschaftsstruktur insgesamt in Frage zu stellen. Jedes Land findet seine eigene Synthese, was sowohl seine Binnenentwicklung wie auch seine spezifische Stellung im Europa des 19. Jahrhunderts wesentlich prägt.

Tatsächlich zeigt sich anhand neuerer sozial- und begriffsgeschichtlicher Untersuchungen, daß vom Ende des 17. Jahrhunderts bis nach dem Scheitern der Revolutionen von 1848/49 die Frage der Repräsentation und damit der staatlichen Verfaßtheit der Gesellschaft die europäische (und nordamerikanische) Vorstellungswelt in einem Maße beschäftigt wie vorher nur die konfessionelle Frage. Es entsteht ein »système de représentation« (Durkheim), in dem handgreifliche soziale und politische Machtkämpfe ausgetragen werden. Hier erfordert das Verständnis von Repräsentation eine ungeheure kollektive mentale Disziplinierung. Sie bleibt nicht nur auf das zumeist juristisch geschulte politische und administrative Personal beschränkt, das abstrakte Prinzipien zu vertreten versteht. Die Anforderung an den Repräsentanten, über reine Interessenvertretung hinauszugehen, und an die Repräsentierten, dies zu akzeptieren, verlangt eine mentale Anstrengung, die erst in einem langen, über Generationen dauernden Lernprozeß erreicht wird. Darüber hinaus wird von den Repräsentierten erwartet, den Wahlakt einerseits als konzentrierte Manifestation ihres Willens, andererseits als Unterwerfung unter den staatlichen Repräsentationsapparat zu verstehen und dieses Verhältnis als Freiheit zu begreifen.

Ein zentrales Problem, mit dem sich jeder Versuch, eine europäische Geschichte zu schreiben, konfrontiert sieht, ist, daß *unser* heutiges Geschichtsdenken immer von der jeweiligen Nationalhistoriographie ausgeht. Geschichte ist seit dem 19. Jahrhundert stets Nationalgeschichte. Allein von daher ist jeder Versuch, eine europäische Geschichte zu entwerfen, zunächst zu einer Geschichte der Nationen gezwungen, in der diese miteinander verglichen werden. Dabei bleibt aber die Nationalität in der Regel das Kriterium jeglicher Beurteilung. Aus diesem Zirkel gilt es auszubrechen, und zwar dadurch, daß man Nationalität selbst zum historischen Gegenstand der Geschichtsschreibung macht. Vielleicht sollte eine europäische Geschichte weniger komparatistisch als synoptisch sein, nicht nur Vergleiche dynastischer und nationaler, scheinbar elementarer und übergeschichtlicher Entitäten anstellen, sondern eine *funktionale* Zusammenschau dessen erarbeiten, was Europa schließlich konstituiert. Seine *societas civilis* gehört zweifellos dazu.

Die Krise der europäischen Gesellschaft (1550–1700)

Bürgerkriege und Freundschaftsideal

Im 16. und 17. Jahrhundert erlebt Europa im Gefolge von Reformation, Gegenreformation und insbesondere des Siegeszuges des Calvinismus eine fast lückenlose Reihe einander überlagernder und durchdringender Bürgerkriege, die sich konfessioneller und politischer Argumente gleichzeitig bedienen, ohne daß diese eindeutig ineinander aufgehen. Sie spalten die herrschenden Eliten, adelige Familien, ganze Fürstenhäuser.[9] In den Frontlinien der Kämpfe, der Schlachten, des Mordens erkennt der Adel nicht ohne Schrecken, daß die scheinbar sichere alte Ordnung, die durch Familien- und Rechtsverbände garantiert war, nunmehr von tiefen Rissen durchzogen ist, die nicht mehr zu kitten sind. Dieser unhaltbare, weil unsichere Zustand verlangt nach neuen Lösungen.[10]

Bürgerkrieg in Frankreich

Frankreich erlebt 1562 bis 1598 eine nicht enden wollende Serie von militärischen Auseinandersetzungen zwischen den Königen – Franz II., (1559–1560), Karl IX. (1560–1574), Heinrich III. (1574–1589) – und dem Adel, welcher wiederum in Katholiken und Reformierte gespalten ist.[11] Die französischen Protestanten werden anfangs geführt von Antoine de Bourbon, König von Navarra, seinem Bruder Louis Condé sowie dem Admiral de Coligny, der später der politische Chef der Hugenotten wird. Die Katholiken, die sich in der Liga zusammenschließen, werden von François de Guise und seinem Bruder Charles, Erzbischof von Reims, geleitet. Beide Parteien besitzen großen Einfluß bei Hofe

17

und suchen die jeweils andere auszuschließen. Beide wollen die Gewalt des Monarchen einschränken und als adelige Elite zumindest mit regieren. Die innenpolitische Situation wird noch dadurch kompliziert, daß die zutiefst katholische Katharina von Medici (1519–1589), Gattin Heinrichs II. (1519–1559) und Mutter der drei folgenden Könige, intensiv am Regierungsgeschäft beteiligt ist. Sie verfolgt beharrlich das Ziel, die Macht der Krone zu bewahren.

Selbstverständlich sind die Reformierten nicht in einer rein defensiven Position. Auch Jean Calvin (1509–1564), der großen Einfluß auf die französischen Protestanten hat, verweist öffentlich auf die Notwendigkeit eines Minderheitenschutzes; er verwirft zwar Rebellionspläne, strebt aber doch auf eine politische Vorherrschaft seiner Konfession hin. Hierzu will er den Adel gewinnen.

Die politische Unzufriedenheit des Adels, insbesondere der Reformierten, führt schließlich 1562 zu der protestantischen Verschwörung von Amboise. Es folgen insgesamt acht Kriege, die Religionskriege, die immer wieder von Friedensschlüssen unterbrochen werden. Diese sind jeweils von Toleranzedikten begleitet, die den Reformierten die Ausübung ihres religiösen Kultes gestatten. Auf das erste dieser Toleranzedikte, das im Januar 1562 verabschiedet wird, reagiert wiederum die katholische Partei mit einem neuen politischen Putsch: Mit dem Massaker an einer hugenottischen Gemeinde in Vassy in der Champagne im März 1562 eröffnet sie den Bürgerkrieg – einen Bürgerkrieg, der alle bisherigen kriegerischen Grausamkeiten in den Schatten stellt. Das zweite Toleranzedikt (Amboise 1563) soll den Krieg politisch beenden, doch der kriegerische Machtkampf dauert bis zum Ende des Jahrhunderts an.

Zu Beginn der 1560er Jahre versucht eine dritte Partei, zwischen Katholiken und Reformierten zu vermitteln: die Politiques. Sie vertreten drei Grundüberzeugungen: Zum einen begründe die Taufe Gemeinsamkeiten, die stärker seien als konfessionelle Differenzen zwischen Christen. Zum anderen könne Gewissen, insbesondere Glaubensentscheidung nicht mit Gewalt erzwungen werden. Schließlich müsse man davon ausgehen, daß eine Konfession nichts über die Treue und Zuverlässigkeit als Staatsbürger, als Untertan eines Monarchen aussage. Dies bedeutet nicht, daß die Politiques konfessionell indifferent sind. Da die Calvinisten jedoch mit mehreren tausend Gemeinden im Land breitflächig vertreten sind, ein Teil des Adels auf ihrer Seite steht und sie sich in den Funktionseliten etabliert haben, ist eine tolerante Politik des Monarchen für die Politiques letztlich die Wahl der Vernunft.

Das Programm der Politiques wird vom Kanzler Michel de l'Hospital vertreten, dem auch Heinrich von Navarra, der spätere König Heinrich IV., nahesteht: Toleranz sei immer noch besser als der Ruin des Landes durch einen Krieg, insbesondere durch einen langen Bürgerkrieg, der auch die moralische Struktur des Landes und das Gewissen und die Gesetzestreue der Untertanen zunehmend zermürbe. Kurz: Diese vermittelnde Partei sucht die politische Lösung des Konflikts einerseits in religiöser Toleranz und andererseits in einem starken Staat, der den Landesfrieden garantieren soll.[12]

Coligny will Karl IX. – im übrigen vergeblich – dahingehend überzeugen, die französischen Katholiken und Protestanten in einem großen Krieg gegen Spanien in den Niederlanden zu vereinen. Doch dann kommt es zum Umschwung: Ein Massaker in der Nacht vom 23. zum 24. August 1572 erst in Paris, dann in der Provinz an führenden Calvinisten fordert mehrere tausend Tote, darunter auch Katholiken, die in einem Zuge mit beraubt und ermordet werden. Vermutlich in politischer Panik im Hofrat initiiert, von Militär und Polizei mit Hilfe des Pöbels organisiert, dann sich selbst überlassen, verhindert dieses beispiellose Blutbad der »Bartholomäus-Nacht« eine Einigung der Führungsschicht des Landes. Hinzu kommen soziale Interessenwidersprüche. War die Verfolgung von Hugenotten mit deren Enteignung und Amtsenthebung mit nicht unerheblichen Besitz- und Machtverschiebungen verbunden gewesen, so werden diese erneut durch Restitutionsforderungen in Frage gestellt. Eine derartige Versöhnung der »Nation« ist nicht in jedermanns Interesse. Daß nur eine Minderheit der europäischen Elite, insbesondere des Adels, die Grausamkeit dieses Vorgehens und der Ermordung mißbilligt, mag indes ein Indiz für die Verrohung der Sitten und des gesellschaftlichen Umgangs sein. Der Hof bleibt hiervon keinesfalls ausgespart: 1588

1 Das Massaker
In den Religionskriegen kommen starke wirtschaftliche, soziale und politische Interessensgegensätze zur Geltung.

läßt Heinrich III. die beiden Guise-Brüder Herzog Henri und Kardinal Louis erstechen. Daraufhin erklärt die katholische Liga den Krieg gegen den König, der zum calvinistischen Heinrich von Navarra flüchtet und 1589 selbst ermordet wird. Der Übertritt Heinrichs als König Heinrich IV. zum Katholizismus ist nicht nur ein machtpolitischer Schachzug, um andere Bewerber, insbesondere spanische Prätendenten, abzuwehren. Er soll vor allem ein Zeichen für den inneren Frieden Frankreichs setzen.

Zur grundlegenden Erfahrung in diesem fast 40 Jahre währenden Krieg gehört, daß jede Partei der anderen ganz und gar unversöhnlich gegenübersteht. Hinzu kommt das Erlebnis des Bürgerkriegs zwischen den Eliten unter Beteiligung von entwurzelten und nicht mehr zu kontrollierenden Volksmassen. Die Politik des »guten« Königs Heinrich IV. erscheint dagegen als vernünftige, vermittelnde, versöhnende Lösung des Bürgerkrieges ganz im Sinne der Politiques.

Mit dem Edikt von Nantes, das den Protestanten erneut die Ausübung ihres Kultes – wenngleich mit Beschränkungen – gewährt, soll 1598 endlich die lange Folge von Konflikten beendet werden. In Zusatzartikeln werden den Calvinisten eigene Garnisonen gestattet und schließlich 80 Orte als Eigentum protestantischer Grundherren anerkannt. Damit entwickeln sich die französischen Calvinisten zu einem regelrechten Staat im Staate, zu einer eigenen Kraft gegen das Königtum unter der Führung des Herzogs Henri de Rohan (1579–1638). Unterstützt wird de Rohan jedoch auch von Teilen des katholischen Adels, der ebenfalls die monarchische Herrschaft einschränken möchte. In den 20er Jahren kommt es zu mehreren Bürgerkriegen im Südwesten Frankreichs, so 1620 bis 1622 und 1625 zu einem Aufstand im Languedoc. Aufgrund von Geldmangel und Organisationsproblemen flauen die Kämpfe periodisch ab und flackern dann wieder auf. 1629 schließlich erreicht der Kardinal und leitende Minister Richelieu einen Sieg über die französischen Calvinisten. Für die Wirtschaft des Landes ist der Krieg allerdings verheerend.

Nach dem Tod Richelieus verbünden sich der hohe Adel, der niedere Amtsadel und die Parlements gegen den König. Die Parlements, die obersten Gerichtshöfe Frankreichs, die königliche Verordnungen und Edikte prüfen und ablehnen können und in denen der Adel die höchsten Ämter innehat, erwirken ein Zustimmungsrecht für Steuererhebungen. Dieses wird von Richelieus Nachfolger Mazarin und der Königinwitwe/Regentin am 24.10.1648 anerkannt. Dennoch setzt sich der Konflikt zwischen König und Parlements fort, und es kommt wieder zu bewaffneten Auseinandersetzungen. Der Hof flüchtet vor der als Fronde-Aufstand bezeichneten Erhebung ins Ausland. 1653 wird Mazarin schließlich wieder nach Paris gerufen, weil Parlements und Adel Politik, Verwaltung und Wirtschaft nicht in den Griff bekommen – eine Erfahrung, die sich im übrigen mit der Polysynodie nach dem Tode Ludwigs XIV. wiederholen wird. Die formelle Beendigung des latent weiterschwelenden Bürgerkrieges erfolgt 1685 durch die Aufhebung des Edikts von Nantes und der damit einhergehenden Unterdrückung der Reformierten in Frankreich. Die konfessionell-politischen Widersprüche sind damit jedoch nicht aufgehoben.

Legt man nicht einseitig im nachhinein nationalhistorische Kriterien an, so erscheint die Geschichte Frankreichs, insbesondere unter Ludwig XIV., keineswegs als die Glanzperiode, welche die europäische Geschichte darin oft erkennen möchte. Im Gegenteil: Innenpolitisch will sich ein absolutistisches Königtum gegen die ihm feindlich gesonnenen Monarchomachen einseitig durchsetzen. Doch genau dieser Plan scheitert. Der König mag über den Gesetzen stehen und seine Verordnungen mit der Schlußformel versehen, dies sei sein »plaisir«. Die Versuchung einer autoritären Lösung der konfessionellen Gesellschaftsspaltung erweist sich letztlich als kontraproduktiv; sie stellt keinen sozialen und politischen Frieden dauerhaft her. Außenpolitisch führen die Offensiven Ludwigs XIV. nach Norden und Osten trotz der Reunionspolitik nicht weit. Zu Ende seiner Regierungszeit besitzt der Hof längst nicht mehr die soziale und politische Attraktivität, die ihm zunächst mit Versailles zufallen sollte. Die Gesellschaft, insbesondere die aristokratische und Notablengesellschaft, wird inzwischen von anderen Werten und Praktiken beeinflußt.[13]

Während des gesamten 17. Jahrhunderts erlebt auch England eine permanente Verfassungskrise zwischen dem König und dem Parlament, unterbrochen durch die Periode 1649 bis 1660, in der das Land ohne König bleibt.[14] Unter Jakob I. (1566–1625), dem Sohn von Maria Stuart (Königin der Schotten), vertieft sich der Konflikt mit dem Parlament in erster Linie wegen selbstherrlich erhobener Steuern. Jakobs Weigerung, die anglikanische Kirche nach dem Vorbild der schottischen presbyterianischen Kirche zu erneuern, das heißt insbesondere das hierarchische episkopale System durch ein repräsentatives System der Selbstverwaltung nach dem Vorbild der calvinistischen Kirchen einzurichten, verschärft zugleich die religiösen Spannungen im Lande. Sein Sohn Karl I. (1600–1649) treibt die Auseinandersetzungen mit dem Parlament auf einen ersten Höhepunkt. Das Parlament macht nunmehr die Bewilligung von Steuern von seiner Zustimmung und darüber hinaus von der ausdrücklichen Anerkennung einer ganzen Reihe von Rechtstiteln des Parlaments abhängig. Die Anerkennung der »Petition of Rights« durch die Krone verbessert das Verhältnis mit dem Parlament nicht nachhaltig. Erst die Niederlage des Königs gegen die presbyterianische schottische Armee im Sommer 1640 zwingt ihn, das Parlament, das er im Frühling aufgelöst hatte, wieder einzuberufen. Dieses »Lange Parlament« (1640–1660) setzt schließlich nicht nur alle seine Forderungen hinsichtlich der Notwendigkeit einer parlamentarischen Zustimmung zu Steuern durch, sondern verabschiedet auch eine Reihe von Grundsätzen zur politischen Repräsentation und konfessionellen Glaubensfreiheit.

Das Parlament selbst ist gespalten in presbyterianische und extreme Puritaner, die das episkopale System der anglikanischen Kirche abschaffen wollen. Letztlich geht es bei diesem Konflikt um die Frage der repräsentativen Struktur der Kirche. Während die radikalen »Unabhängigen« (Independents) die Kirche in lokale und selbstverantwortliche Kongregationen aufteilen wollen, schwebt den moderaten Calvinisten eine Unterordnung der lokalen Kongregationen unter höhere repräsentative Verwaltungsorgane der Presbyterien vor.[15]

Die Übernahme des Kommandos über die Armee durch das Parlament leitet den offenen Bürgerkrieg ein. Im Januar 1642 lösen Soldaten des Königs das Parlament auf. Karl I. geht nach York, um gegen das Parlament zu rüsten. Währenddessen betrachtet sich das Parlament in London als entscheidende staatliche Instanz und übernimmt das Kommando über die Armee. Der offene Bürgerkrieg beginnt. Karls militärische Niederlage im Juni 1645, das Scheitern seines Versuchs, 1648 die Spaltung im Parlament noch einmal politisch auszunutzen, seine Hinrichtung 1649, die Abschaffung der Monarchie, des Oberhauses und der anglikanischen Kirche beenden diese Phase der Auseinandersetzung zwischen Parlament und König.

Einige Elemente dieser Auseinandersetzung verdienen besondere Aufmerksamkeit. In seinem Appell vom Juni 1642 propagiert Karl I. die Formel vom Gleichgewicht zwischen den drei innenpolitischen Kräften, der absoluten Monarchie, der Aristokratie und der Demokratie. Dieses Kompromißangebot wird vom Parlament abgeschlagen. Es beschließt seinerseits im Juli des Jahres die Aushebung einer Armee, die gegen Karl I. gerichtet sein wird, deren Aufgabe aber der Schutz des Königs, die Verteidigung der zwei Kammern sowie die Garantie der »wahren Religion«, der Gesetze, der Freiheit und des Friedens im Königreich sein soll. 1649 beschließt das Parlament endlich, daß »das Amt des Königs« nicht mehr in einer einzelnen Person bestehen solle, weil die Erfahrung gezeigt habe, daß dies zur Unterminierung der bestehenden Gesetze und zur Versklavung der Untertanen führe; deshalb werde die Nation »zu ihrem gerechten und alten Recht zurückkehren, von ihren eigenen Repräsentanten oder nationalen Versammlungen regiert zu werden, die von Zeit zu Zeit zu diesem Zweck gestellt werden«.[16]

Nach dem politischen Scheitern der puritanischen Republik Oliver Cromwells (1599–1658), der Wiedereinführung der Monarchie unter Karl II. (1630–1685), der absolutistischen Versuchung seines Bruders Jakob II. (1633–1701) beendet die Glorious Revolution 1688 die dritte Phase des Bürgerkrieges.[17] Whigs und Tories des Parlaments bilden eine Koalition und bringen im folgenden Jahr Wilhelm III. von Oranien mit seiner Frau Maria, der

Tochter Jakobs II., auf den Thron. Diese erkennen im Gegenzug eine Bill of Rights an, welche die »traditionellen Freiheiten« insbesondere des Parlaments und der anglikanischen Kirche respektiert, gleichzeitig protestantische Glaubensfreiheit erlaubt und römisch-katholische Konfessionalität verbietet. Das Amt des Königs ist also wieder in einer Person konkretisiert worden. Doch diese Personifizierung geschieht mittels der Einsetzung durch das Parlament, das heißt durch die Repräsentanten des Volkes.

Die calvinistische Lehre und die staatsunabhängige Organisationsform des Presbyteriums, das von einer breiten Gemeindebasis ausgeht, ohne auf eine innere Hierarchie zu verzichten, erscheint für den Adel und die städtischen Eliten in Europa im Verhältnis zur katholischen Kirche und zu dem mit ihr verbundenen Königtum als durchaus attraktiv. Der Calvinismus hat sich in Frankreich, im Römisch-Deutschen Reich (Hessen-Kassel, Pfalz, Brandenburg), in Schottland und den aufständischen Niederlanden, die sich von der spanischen Krone trennen, verbreitet. Manche seiner Elemente gingen auch in den katholischen Bereich ein, in den der Societas Jesu ebenso wie etwa in den Jansenismus.

Die Geschichtsschreibung – etwa Jacob Burckhardt – hat es als typisch europäisch angesehen, daß die Religionskonflikte in aller Schärfe als geistige Auseinandersetzungen mit militärischen Mitteln ausgetragen werden. Geistige Auseinandersetzungen sind Kämpfe auf Leben und Tod, und dies über Generationen hinweg. Erst die staatliche Verfassung der Gesellschaft, der Kompromiß, wie ihn Heinrich IV. signalisiert und wie er auch im Gleichgewichtsgedanken auf lokaler, regionaler und gesamtstaatlicher Ebene durchgeführt wird, wie es der Westfälische Frieden von 1648 vorsieht, kann als typisch europäische Lösung dieses Problems angesehen werden. In anderen Kulturkreisen wurden zumeist eklektischere Lösungsmodelle gefunden.

Hobbes und Locke

Der Alltag des permanenten Bürgerkrieges bildet den aktuellen zeitgenössischen Kontext der unmittelbaren Reaktionen von Thomas Hobbes und John Locke. Thomas Hobbes (1588–1679), von 1640 bis 1651 im Pariser Exil lebend, wo er unter anderem als Hauslehrer des späteren Karl II. arbeitet, liefert die erste breit angelegte rechtstheoretische Verarbeitung des englischen Bürgerkrieges. In »Behemoth oder Das Lange Parlament«, 1779/80 zuerst als Raubdruck erschienen, versucht er, eine systematische Erklärung der politischen Auseinandersetzungen zu geben, deren Zeitzeuge er ist.[18] Es liegt für ihn auf der Hand, daß die Rebellen von den Kaufleuten der großen Städte unterstützt wurden. Deren Interesse liege in einer möglichst geringen steuerlichen Belastung. Das gemeine Volk seinerseits kümmere sich wenig um die tieferen politischen Ziele der Revolution, solange es einen materiellen Nutzen aus ihr ziehe. Zum Ausbruch der Revolution kommt es nach Hobbes, weil und indem sich diese Momente mit den kirchen- und staatspolitischen Ambitionen von universitär ausgebildeten presbyterianischen Intellektuellen und Landbesitzern (*gentry*) treffen, die von ihresgleichen ins Parlament gewählt werden. Die entscheidende Ursache des Bürgerkriegs ist für Hobbes die Kongruenz zwischen privatem, persönlichem Gewissen, Glaubensfreiheit, politischer Freiheit und ökonomischem Eigeninteresse, also zwischen Momenten, die in dieser Überlagerung zur Anarchie tendierten. Nicht ohne Ironie verweist Hobbes darauf, daß Kaufleute, deren Beruf der private Gewinn durch Kauf und Verkauf ist, insbesondere durch die Anwendung von Lohnarbeit, erfahrungsgemäß die ersten sind, die eine Rebellion etwa wegen zu hoher Steuern vorantreiben, daß sie meist aber auch die ersten sind, die sich enttäuscht von den Rebellen zurückziehen.

Die Angst vor Tod und Enteignung und der Wunsch nach einem angenehmen Leben zwingen nach Hobbes die Besitzenden zu einem Gesellschaftsvertrag, der die Aneignungsrechte des einzelnen begrenzt, zugleich aber das Eigentum sichert und schützt. Nach den Erfahrungen des Bürgerkrieges, vor allem der cromwellschen republikanischen Diktatur, verweist Hobbes seine Kritiker darauf, daß die Gefahr einer Anarchie allemal größer sei als die einer Tyrannei, daß auf der anderen Seite selbst die größten Nachteile, welche in jeder Form einer Regierung der individuellen Freiheit angetan werden könnten, im Vergleich zu den fürchterlichen Begleiterscheinungen und Folgen des Bürgerkrieges kaum ins Gewicht fielen; hierbei bezieht er sich auf die durch den Bürgerkrieg führungslose, keinem Gesetz und keinem Zwang gehorchende Menschenmasse, die raubt, mordet und plündert.

Es ist deutlich, daß Hobbes, der die Mechanismen der Ausbeutung der armen Bevölkerungsschichten durch die reichen erkennt, seine Ansprechpartner insbesondere in der *gentry*, aber auch in der Kaufmannschaft der Städte sieht. Vor dem Hintergrund der Erfahrungen des Bürgerkrieges will Hobbes diese Gruppen wissenschaftlich-logisch davon überzeugen, daß optimaler Besitz, das heißt maximale Aneignung im Verhältnis zu maximaler Sicherheit des Eigentums, nur dann gegeben ist, wenn in eine gesetzmäßige Beschränkung dieser unbeschränkten Aneignung eingewilligt und die Befolgung der Gesetze zur Pflicht gemacht wird.

John Locke (1632–1704) ist zunächst stark von Hobbes beeinflußt, teilt jedoch nicht dessen Parteinahme für Karl II. Nach der erfolglosen Opposition seines Freundes Shaftesbury gegen den König geht er 1682 ins Exil nach Holland, wo er seine 1690 erscheinenden »Zwei Abhandlungen über die Regierung« schreibt.[19] Er konzipiert, anders als Hobbes, den Naturzustand nicht als Bürgerkrieg, und er definiert den Herrscher als denjenigen, der vom Volk – d. h. den Privateigentümern – mit der Sicherung von Leben, Freiheit und Privateigentum beauftragt wird. Die von ihm eingebaute »Notsicherung«, daß das Volk den Herrscher von seinem Auftrag entbinden dürfe, wenn er diesen nicht auszufüllen vermag, und die Regierung jemand anderem übertragen könne, ändert nichts an der Tatsache, daß zur Erreichung jener Ziele die Machtausübung selbst als legitim angesehen wird.

Bei Hobbes, bei Locke, aber auch bei anderen zeitgenössischen Rechtstheoretikern Englands ist deutlich geworden, wer das »Volk«, wer die Repräsentierten, wer die Repräsentanten und wer die Adressaten dieser Gesellschaftsmodelle sind. Bei allen Unterschieden, bei allen Differenzierungen zwischen den »Parteien«, zwischen Tories und Whigs werden *gentry*, Handel und auf dem Land angesiedelte Industrielle im Parlament repräsentiert. Da nur bestimmtes Landeigentum für Parlamentssitze qualifiziert, ist es möglich, diese indirekt zu kontrollieren. Zu den bekanntesten solcher *rotten boroughs* gehört Old Sarun, das von der Politikerfamilie Pitt schlicht gekauft worden ist.

Auch im industrialisierten England bleibt die Aristokratie die sozial und politisch führende Schicht. Der ungefähr 400 Familien umfassende Adel beherrscht ohne direkte Privilegien, aber durch die Bindung der politischen Repräsentation an den Grundbesitz die Gesellschaft. Hier, wie auch in anderen europäischen Ländern, stehen sich Adel und Handels- bzw. industrielle Bourgeoisie nicht unbedingt feindlich gegenüber, sondern durchdringen sich gegenseitig, indem sie ihren Einflußbereich in die jeweils andere Schicht zu erweitern suchen. Statt direkt miteinander zu konkurrieren, suchen Adel und Bourgeoisie sich zu ergänzen und vergleichbare und jeweils erweiterte Statusbereiche zu besetzen. Sicherlich geht dies nicht ohne Konflikte ab. Doch diese werden eher heruntergespielt, wenn sie nicht, wie im Frankreich der Revolution, zum Gründungsmythos einer nationalen Existenz erhoben werden.

Erst 1830, insbesondere seit der »Great Reform Bill« (1832), versucht man in England, die Institution des Parlaments den veränderten sozioökonomischen Kräfteverhältnissen des Landes anzupassen und die Rechte auch der nicht landbesitzenden Schichten zu erweitern. Die *rotten boroughs* werden abgeschafft, bis dahin unberücksichtigte Städte und Manufakturbezirke sehen sich nunmehr im Parlament repräsentiert. Die Zahl der Wähler steigt um die Hälfte an, doch bleibt das Wahlrecht weiterhin an Privateigentum und Geschlecht gebunden. Die Parlamentsreform trägt mit der neuen Repräsentationsstruktur des Parlaments den Veränderungen innerhalb der Privateigentumsstruktur der englischen Gesellschaft Rechnung.[20]

Wenn das Jahrhundert der Glaubenskriege in praktisch allen Ländern Europas auch ein Jahrhundert der politischen Bürgerkriege ist, so betrifft dies nicht nur die Eliten, sondern ebenso die breite Bevölkerung, und dies insbesondere in den Städten. Politische und religiöse Auseinandersetzungen durchdringen einander; politische Differenzen erscheinen leicht als konfessionelle, konfessionelle gehen unversehens in politische über. Das betrifft Innen- wie Außenpolitik. So werden etwa in den Niederlanden Katholiken als geheime Bündnisgenossen Frankreichs verdächtigt, und die Verfolgung der Hugenotten im Nachbarland wird an niederländischen Katholiken ausgelassen. Daneben gibt es aus anderen Motiven städtische Revolten: Lebensmittelhändler werden angegriffen, ihre Geschäftsräume und Waren zerstört, weil man vermutet, daß sie die Waren zu überhöhten Preisen verkaufen. Auch die Erhebung von Steuern führt häufig zu Unruhen und offener Gewalt in den Städten. Hier sind die Übergänge zwischen den sozialen, politischen und religiösen Motiven ebenfalls fließend.

Der fast 40 Jahre dauernde französische Bürgerkrieg im 16. Jahrhundert, die englische Revolution, der Aufruhr von Neapel 1647, die französische Fronde (1648–1653), Aufstände und Unabhängigkeitsbewegungen in den Niederlanden, der Dreißigjährige Krieg im Alten Reich, dies alles zeigt ein Europa der Rechtsunsicherheit, der Gefährdung von Eigentum und Leben.

Es ist deshalb mehr als verständlich, daß die Garantie des Eigentums zu einem zentralen Problem der europäischen Eliten wird. Dabei wird nach Lösungen gesucht, der Gewalt nicht nur mit Repression zu begegnen, sondern bereits präventiv eine strukturelle, das heißt politische Lösung zu finden, welche Gewalt von vornherein möglichst ausschließt.

Die Erfahrung der konfessionell-politischen Bürgerkriege dauert lange, greift über Generationen hinweg. Sie ist nachhaltig traumatisch, und sie wird von den europäischen Eliten auf ganz unterschiedlichen Erlebnis- und Handlungsebenen verarbeitet. Diese stehen allerdings vielfach zueinander in Beziehung. Sie werden von den Menschen in ihrem Handeln miteinander vermittelt, in sozialer Praxis, welche zu einem großen Teil erst erfunden werden muß und die selbst wiederum eigene Vorstellungswelten hervorruft.

Freundschaft als Ideal

Eine Reaktion der durch die Bürgerkriege untereinander zerstrittenen Elite, eine Reaktion auf die tiefen Risse, die durch Familien, Städte und Regionen ging, war die Wiederentdeckung, eigentlich vielmehr die zeitgenössisch aktualisierte Neuerfindung der Männerfreundschaft. Dabei konnte man einerseits auf antike Modelle von Freundschaft rekurrieren und vermochte andererseits die aktuelle Gesellschaftskrise zu transzendieren.[21]

Die Freundschaft zwischen zwei Männern wird gerade in der extremen Situation der Bürgerkriege als ein besonderes Verhältnis gepflegt. Betont werden die Seelenverwandtschaft, Harmonie und Kommunikation der Gefühle, eine absolute Offenheit und Ehrlichkeit. Zugleich wird eine Welt der Reflexion heraufbeschworen, in der begriffliche Präzision jenseits von zeremonieller Höflichkeit und unklarer Eleganz herrscht. Erst in der Harmonie der Freundschaft, so betont Michel de Montaigne (1533–1592), lasse sich richtig denken. Sie ist ein privates Verhältnis, eine intime Verbindung, in der die äußeren Unterschiede des Standes, der Familie, des Charakters, des Vermögens nicht gelten – obwohl natürlich eine Freundschaft unter Männern gleichen Standes leichter ist. Zugleich weist jedoch der private Charakter über sich hinaus: Zwar soll unterschieden werden zwischen privaten und staatlich-gesellschaftlichen Beziehungen; aber inmitten des Bürgerkriegs, des Raubens, Mordens und Plünderns ersehnt man sich eine generelle neue Vergesellschaftung nach dem Modell einer vollendeten Freundschaft, getragen von demselben Geist und derselben seelischen Verständigung.

»Die Freundschaft ist ein geheiligter Name, eine heilige Sache; sie tritt nur zwischen guten Leuten auf, und sie wird nur bei gegenseitiger Wertschätzung eingegangen. [...] Was einen Freund des anderen versichert, das ist das Wissen um seine Integrität«, schreibt Montaignes Freund Etienne de La Boétie (1530–1563) am Ende seines Essais »Über die freiwillige Knechtschaft«.[22] Freundschaft gehe mit Güte, Beständigkeit, Vertrauen einher und sei mit Tyrannei, Grausamkeit, Ungerechtigkeit und Illoyalität unvereinbar. Sie berühre, wie Montaigne erklärt, eine fundamentale Seite der Seele, ein menschliches Urbedürfnis, das nur zwischen Männern möglich sei. Verständnis, freie Rede, Intimität, Wissen um den anderen, absolutes Vertrauen ineinander – das ist das Bild der Freundschaft, wie es in der zweiten Hälfte des 16. Jahrhunderts propagiert wird.

In Wirklichkeit ist es – das gibt auch Montaigne zu – ein Idealbild, eine Ausnahmeerscheinung. Die Freundschaft ist in dem Maße intim und privat, in dem die Gesellschaft mit ihren bestehenden Institutionen sich im Bürgerkrieg selbst zerfleischt und man auf normale Loyalitäten nicht mehr setzen kann. Umgekehrt kann aber genau diese Freundschaft als universelles Vorbild für die Gesellschaft herhalten, gerade indem sie eine persönliche Ausnahme ist. Denn aus ihr werden moralische Werte gewonnen, welche dem bestehenden politischen Leben abhanden gekommen zu sein scheinen.

Gut 100 Jahre später urteilt Montesquieu (1689–1755) nüchterner. Zwar sei es zweifellos wahr, daß die Freundschaft (zwischen Männern) der (heterosexuellen) Liebe gegenüber den Vorzug besitze, noch niemals einen Mann ins Irrenhaus gebracht zu haben. Auch behandelt er an anderer Stelle die Freundschaft ironisch als einen Vertrag, mit dem wir uns zu kleinen Hilfeleistungen verpflichten, um dafür große Dienste zu erwarten. Doch tatsächlich ist für ihn die Freundschaft eine geradezu typisch römisch-republikanische Tugend, welche die Unvollkommenheit der Männer gegenseitig ausgleichen soll und kann. Im nächsten Atemzug fügt Montesquieu hinzu, daß ergänzend zu den familiären Bindungen die Männerfreundschaft eine soziale Form gewesen sei, zu welcher die staatliche Verfassung der römischen Gesellschaft geradezu genötigt habe. Heute hingegen sei von derartigen Bindungen »alles aufgegeben, bis hin zur väterlichen Gewalt; jeder Mensch ist isoliert«.[23] Dies sei der vereinzelnde Effekt der willkürlichen Bindungen der Freundschaft. Dennoch zeigt sich derselbe Autor von monumentalen Zeichen der *amitié* tief beeindruckt. Denn in der Regel entzieht sich die Freundschaft einer kühlen Analyse; sie ist eine Herzenssache und oft die wichtigste Angelegenheit im Leben eines Mannes, wichtiger noch als Ehe und Familie. In Romanen, aber auch in privaten Nachlässen finden sich hierfür frappante Beispiele.

Montesquieus Verbindung der heterosexuellen Liebe mit der möglichen Dimension des Irreseins wird 150 Jahre früher weit schärfer formuliert. Im »Heptaméron« der Marguerite von Angoulême (1492–1549) wird die 10. Geschichte des dritten Tages wie folgt zusammengefaßt: »Ein adliger Herr von 14 bis 15 Jahren glaubt, mit einem der Mädchen seiner Mutter zu schlafen, schläft aber mit dieser, die nach neun Monaten von ihrem Sohn ein Mädchen gebiert, welches er 12 oder 13 Jahre später heiratet, ohne zu wissen, daß sie seine Tochter und Schwester, noch, daß er ihr Vater und Bruder ist.«[24]

Das harte Resümee dieser Novelle darf nicht täuschen: Dies alles spielt sich in einem untadeligen Haus ab. Die Mutter, eine junge Witwe, möchte unverheiratet bleiben und hält sich von jeder Art mondänen Lebens fern. Der Sohn wird nach den besten Grundsätzen erzogen. Er stellt einem Mädchen nach, das sich der Mutter anvertraut, die ihr nicht glaubt und nachts dessen Schlafplatz einnimmt. Eine winzige Schwäche, und das Unheil nimmt seinen Lauf. Die Mutter tut alles, um Sohn, Tochter, die Umwelt in Unwissenheit zu halten. Die Geistlichen, denen sie beichtet, verpflichten sie, auch weiterhin den Schein aufrechtzuerhalten.

Der Ton und die abschließenden Kommentare zu dieser Geschichte sind eindeutig. Selbst in den besten Häusern, unter Menschen der edelsten Absichten kann »die Natur« stärker sein. Gerade wenn sie ausgeschaltet werden soll, genügt ein Moment der Unachtsamkeit, um unvorhergesehene, nicht mehr zu verhindernde, furchtbare Entwicklungen in Gang zu setzen. Denn besonders für eine adelige Familie, die größten Wert auf die Pflege des genealogischen Bewußtseins legen muß, um am Machtkonsens weiterhin teilzuhaben, ist der Vorfall eine Katastrophe. Nicht umsonst hält Marguerite den Namen der Dame geheim – »aus Liebe zu ihrem Familiengeschlecht« – und erlegen die Theologen der Mutter auf, Stillschweigen zu wahren: Die Grundfesten der Gesellschaft brächen zusammen, würde dies bekannt. Es geht weniger um den Einzelfall als um das Prinzip. Marguerite und ihre Begleiterinnen plädieren – dem Leser gegenüber – für Milde, für einen adäquaten, menschlichen, gottgefälligen Umgang mit »der Natur«, die eine Gewalt ist, der man sich nicht entziehen kann, die man aber auch nicht herausfordern darf. Nachsicht, Menschlichkeit, christliche Nächstenliebe, in aller Hilflosigkeit der Menschen gegenüber dieser »Natur«, empfehlen sich als einzige, durchaus resignative Reaktion.

Geschlechtsliebe erscheint hier als eine Krankheit, die nicht zu heilen ist und die zu den schlimmsten Verwicklungen führen kann. Vor allem der Mann ist Opfer dieser Krankheit des Triebes, dem er nachgeben muß, und um zum Ziel zu gelangen, erscheint Vergewaltigung als legitim. Die Frau hat genau diese Situation zu vermeiden, den Belagerungszustand aufrechtzuerhalten. Schafft es der Mann nicht, die Vergewaltigung durchzuführen, wird dies als unehrenhaft verspottet. Diese Gewalttätigkeit wird ganz offensichtlich von allen Seiten der höheren und höfischen Gesellschaft und sogar von den Opfern als Normalität akzeptiert. Strenge Trennung herrscht zwischen Ehe, familiärer Reproduktion und Liebe – wenn es Liebe im Sinne des 19. und 20. Jahrhunderts überhaupt gibt. Es handelt sich um eine ganz andere Psychologie, um einen Mangel an Selbstbeherrschung, der beklagt wird, dem man aber – so wird es von kirchlicher Seite, aber auch von Marguerite gesehen – mit Milde und Nachsicht begegnen soll. Heirat und Ehe sind in dieser Sicht kaum ein soziales Ventil. Im Gegenteil, Heirat führt zu Dramen, die eine Gefahr für die Gesellschaft sind; es kommt zu Gewalt in der Ehe, in der Familie, bis zu einem nicht selten blutigen Ende. Auch hier herrscht eine Art Bürgerkrieg, aus der der Ausweg lautet: Gott, die Schrift, Verzeihen, Milde. Niemand kann in dieser Konstellation wirklich recht haben, die Vernunft ist eine törichte Ratgeberin, Denken ist eine merkwürdige Angelegenheit. Rücksichtslos auch den eigenen Fehlern gegenüber zu sein, keine Dogmatik zuzulassen erscheint als einziger Ausweg der praktischen, der sozialen Vernunft.[25]

Freundschaft zwischen Männern stellt sich in dieser Perspektive als ausgesprochen zivilisiertes und kultivierendes Verhältnis dar, welches zugleich privat und sozial ist. Wenngleich Freundschaft in jener Zeit als etwas Elementares, eine tiefe seelische Zuneigung, eine menschliche Konstante geschildert wird, so fällt doch ins Auge, daß es sich um eine spezifische Erfindung der Epoche handelt. Sie ist exklusiv männlich – Freundschaften zwischen Männern und Frauen finden sich erst im späten 18. Jahrundert als gesellschaftliches Phänomen derart kultiviert. Männerfreundschaft hat im Gegensatz zur Liebe nur selten etwas mit ausgelebter Sexualität zu tun, und sie schafft sich einen eigenständigen Raum außerhalb und neben der Familie. Bei Montesquieu ist zwar auch von der *amitié* einer Frau, einer Dame die Rede. Das wird keine Ausnahme bleiben, war es auch schon im höfischen Leben im 16. und 17. Jahrhundert nicht. Doch hier sind die Übergänge zwischen *amitié* und *amour* fließend. Tabuisiert ist hingegen die erotische Komponente in der Freundschaft unter Männern. Dennoch ist man sich dieser Komponente zum Teil bewußt: So weisen Montaigne und La Boétie auf die griechische Homoerotik hin, betonen aber, daß sie für ihre Beziehung keine Rolle spiele.

Zwei weitere Beobachtungen drängen sich auf: Zum einen erklärt sich Männerfreundschaft aus einem defizitären Zustand der Gesellschaft, der überbrückt werden muß, sei es ein Bürgerkrieg, sei es ein institutioneller Mangel; zum anderen ist es die Familie, welche unzureichende Gelegenheit zu einer entsprechenden Kommunikation bietet. Offensichtlich ist sie emotional unbefriedigend. Hier greift die Freundschaft ein und schafft einen kompensatorischen Raum.

Für das 17. und 18. Jahrhundert stellt sich schließlich ein besonderer sozialisationsgeschichtlicher Konstitutionszusammenhang dar, der bis weit ins 16. Jahrhundert zurückreicht.[26] Ausgangspunkt hierbei ist, daß die aristokratischen Eliten ihre Söhne außerhalb der Familie erziehen lassen. Überwiegend von Orden betriebene Kollegs, unter denen die Jesuiten von Anfang an eine besonders intensive Erziehungsarbeit leisten, übernehmen diese Aufgabe. Das enorme Anwachsen sowohl der Erziehungseinrichtungen wie auch der Schüler- und Absolventenzahlen, nicht zuletzt das zunehmende öffentliche Interesse an dieser Ausbildungsform – stärkere städtische Kontrolle, Gründung staatlicher Militärkollegs und Verwaltungsschulen – zeigt die Stabilität dieser Institutionen im 18. Jahrhundert.

Für unseren Problemzusammenhang ist wesentlich, daß es sich dabei nicht allein um eine Lernanstalt, sondern um eine außerfamiliäre Sozialisationseinrichtung mit einer besonderen Struktur handelt, gekennzeichnet durch straffe Disziplin (Tagesablauf, Verhaltensformen), Autorität und Hierarchisierung, Individualisierung gegenüber dem Lehrkörper, Konkurrenz und Leistungsprinzip. Umgekehrt führt dies aber zu einer Egalisierung der Schüler und zu ihrer Solidarisierung, wodurch diese Spannung in ein Gleichgewicht der Kräfte gelangen kann. Diese Sozialisationserfahrung erhält dadurch besonderes Gewicht, daß sie während des Übergangs vom Kinder- ins Erwachsenenalter und damit in einer erotisch stark aufgeladenen Phase durchlebt wurde.

Diese sich stabilisierende Sozialisationsinstanz wird zur Basis des sich zugleich neu eröffnenden kulturellen Raums der Freundschaft, einer intimen Bindung jenseits von Familie und Institutionen. In diesem kulturellen Raum der Freundschaft wiederum entstehen neue literarische Gattungen, so etwa die Korrespondenz zwischen Freunden. Sie ist zugleich eine Möglichkeit der individuellen Selbstverständigung. Mehr noch, dieser kulturelle Raum wird zeitgenössisch höher bewertet als die Einbindungen in Familie und Gesellschaft. Dieses Bewußtsein setzt sich in männlicher Exklusivität fort, bestätigt und organisiert sich in einer besonderen Form von Soziabilität in der Aufklärung. Im Freundschaftskult der Männer wird die Einbeziehung von Frauen als gleichsam »unnatürlich« empfunden; hiermit korrespondieren ohne tatsächlichen Widerspruch eine sublimierte Erhöhung der Frau als Herrscherin des Salons ebenso wie eine ganz alltägliche Gewalt gegen Frauen.

So sind die Männerfreundschaften auch das Ergebnis der neuen außerfamiliären Erziehung und Schulung: Die Knaben werden zur Freundschaft regelrecht erzogen. Und was auf den ersten Blick als ein dysfunktionaler Effekt für die Schule erscheinen mag, wird von den Familien als ein ausgesprochen wünschenswertes Resultat angesehen: daß ihre Söhne quer zum institutionellen Sozialisationsprozeß Freundschaften knüpfen, daß über die fest eingerichteten familiären Beziehungen hinaus eine persönliche Solidarität entsteht, die später ein Leben lang halten kann. In der mittel- und langfristigen Familienstrategie wird Freundschaft zwischen Männern in dieser Periode nicht weniger wichtig als die Institution der Ehe.

Freundschaft ist ein intimer, ein privater Bereich, aus ihm heraus werden aber gleichzeitig auch große politische Lösungen entworfen, die auf eine prinzipielle Beendigung der Bürgerkriege zielen. Solche Modelle finden eine publizistische Öffentlichkeit, die ihrerseits wiederum auf einen jeweils privaten, persönlichen Raum der Rezeption verweist. Zusammen mit der neugeschaffenen Tradition der Schrift- und Lesekultur erfindet die Männerfreundschaft neue Bereiche der Soziabilität, der Assoziationen, der Vereine, in denen jenseits der bestehenden konfliktgeladenen Gesellschaft, aber mit deren Material neue Synthesen gesucht und Verfassungsmodelle ausprobiert werden.

Aus der fundamentalen Krise der feudalen Gesellschaftsverfassung Europas heraus bildet sich also ein ganzes Geflecht von miteinander kommunizierenden sozialen und kulturellen Räumen, die sich an eben dieser Gesellschaft orientieren, sie durchdringen, sie zugleich aber auch neu definieren und schließlich von ihr unabhängig werden.

Die Erfindung des diplomatischen Blicks

Neben der Katastrophe der konfessionell-politischen Bürgerkriege erlebt Europa bis ins 18. Jahrhundert hinein eine zweite Krise, die nicht minder tief und nachhaltig in seine Herrschaftsstrukturen eingreift. Ein Europa der Dynastien besteht aus adeligen Familien, denen jeweils Territorien zugeordnet sind. Herrschafts-, Sukzessions- bzw. Transmissionsverhältnisse werden hier nach verrechtlichten Regeln der Verwandtschaftsbeziehungen geordnet. Darüber hinaus kommt es durch gezielte Heiratsstrategien zu einer Vernetzung der Familienbande, die im Laufe der Generationen immer enger werden, bis sie schließlich ein dichtes Gewebe bilden. Dieses Europa des Adels hält sich über einen langen Zeitraum. Es übersteht noch den deutsch-französischen Krieg von 1870/71, nicht mehr jedoch den Ersten Weltkrieg.

Es etablieren sich zwei verschiedene Strategien und Techniken, die einander ergänzen: Zum einen wird die Familienstrategie der Heiraten unter den Dynastien fortgeführt. Gleichzeitig bildet sich ein System der kollektiven Intervention heraus, die mit militärischen und diplomatischen Mitteln ein Gleichgewicht in Europa herstellen will. Das Ziel dieser militärischen und diplomatischen Interventionen ist ein Kompromiß, bei dem alle Beteiligten soviel wie möglich gewinnen, ohne daß es einen wirklichen Verlierer gibt. Verhindert werden soll, daß eine Dynastie zur europäischen Supermacht wird. In diesem Sinne werden auch Techniken der Konfliktvermeidung entwickelt.

Damit entstehen Modelle des Gleichgewichts, des geopolitischen Raumes, Figuren der Convenance, die die bi- und multilateralen Sicherheitsbeziehungen bestimmen. Diese neue Vorstellungswelt wird getragen und reproduziert von einer neuen sozialen Schicht spezialisierter Berufspolitiker und Diplomaten.

Wenn die konfessionell-politischen Bürgerkriege in Frankreich und England das Spektrum des binnenpolitischen Raumes ausloten, so dient das Alte Reich nach der Beendigung der militärischen Operationen, die im Dreißigjährigen Krieg 1618 bis 1648 seine Länder überziehen, als Experimentierfeld der Innen- und Außenbeziehungen in Europa. Das Reich wird zum Zentrum der neuen europäischen Diplomatie, zum Arbeitsfeld der sich herausbildenden politischen Klasse und ihrer Vorstellungswelt, welche bis ins 20. Jahrhundert hinein ohne Alternative die europäische Staatenwelt bestimmen und sich sogar den außereuropäischen Beziehungen aufzwingen wird.

Der Westfälische Frieden von 1648 (mit den Verträgen von Münster mit Frankreich und von Osnabrück mit Schweden) beendet den Dreißigjährigen Krieg im Reich. Er ist ein außenpolitischer Friedensvertrag mit konstitutionellem Charakter. Frankreich und Schweden, denen Reichsterritorien zugesprochen werden, sind Garantiemächte einer Verfassung, die auf dem ersten Reichstag nach dem Dreißigjährigen Krieg 1653 in Regensburg als Grundgesetz für die hundertfach zersplitterten Stände des germanischen Reichs – *leges et constitutiones fundamentales imperii* – ratifiziert wird. Zwar gibt es immer noch ein formelles katholisches Übergewicht in der Reichsstruktur, nicht zuletzt der habsburgischen Kaiser und katholischen Reichsstände – der Wittelsbacher Karl VII. macht hier keine Ausnahme –, aber durch ebenso formelle Paritätsbeschlüsse wie durch politische Überzeugung soll der konfessionelle Gegensatz nicht mehr zum Bürgerkrieg führen können.[27]

Der hierarchischen imperialen Struktur steht ein institutionelles Instrumentarium gegenüber, das die kaiserliche Gewalt einschränkt oder zumindest beobachtet und den Reichsständen eigene Entwicklungsmöglichkeiten läßt. Dazu gehört die Kaiserwahl mit der Wahlkapitulation, eine Art bindendes Wahlprogramm, das der Kandidat mit den Reichsständen aushandeln muß; dazu gehören die mit weitgehenden exekutiven und wirtschaftlichen Vollmachten ausgestatteten Reichskreise; dazu gehören das Reichskammergericht in Speyer und ab 1693 in Wetzlar sowie der Reichshofrat in Wien; dazu gehören vor allem der 1663 bis 1806 tagende Immerwährende Reichstag zu Regensburg (1713: Augsburg; 1742–45: Frankfurt am Main), eine permanente Vertretung der Reichsstände, in der sich eine eigene Politikerelite herausbildet: kein repräsentatives Parlament, doch eine komplizierte Ständevertretung, die zwar keine freien, sondern durchweg imperative Mandate von Gesandten kennt, sich aber zur politischen Börse und zum wesentlichen Kontrollorgan kaiserlicher Macht entwickelt.

Solange sie sich nicht unmittelbar gegen Kaiser und Reich richten, erhalten die Reichsstände das Recht, untereinander und auch mit nicht zum Reich gehörigen Mächten Verträge abzuschließen. Von dieser Möglichkeit machen sie lebhaften Gebrauch. In den eininhalb Jahrhunderten zwischen dem Westfälischen Frieden und der Auflösung des Reiches 1806 durch Napoleon gibt es wohl kaum eine Koalitionsmöglichkeit, welche von den Reichsständen nicht wahrgenommen worden wäre. Selbst die scheinbar konstante Polarisierung Versailles–Wien erweist sich als nicht für ewig festgeschrieben, wie das »Renversement des alliances« von 1755/56 zeigt. Überraschend ist auch der Aufstieg dreier Reichsstände um die Wende vom 17. zum 18. Jahrhundert: Aus den Häusern Sachsen, Hannover und Brandenburg werden polnische, englische und preußische Könige gestellt.

Habsburg, Brandenburg-Preußen und eine ganze Reihe von Reichsständen treten fortlaufend in Kriege ein oder werden in sie hineingezogen: die nordischen Kriege, die Türkenkriege, die spanischen, Pfälzer, österreichischen, bayerischen Erbfolgekriege, die Kriege gegen Frankreich, die Kriege zwischen Preußen und Österreich. Insgesamt erscheint das Reich als schwach, wenn man es mit den auf nationale Flächenstaaten und zentralisierte Verwaltung zielenden politischen Modellen vergleicht. Ein Reichsabsolutismus hat sich nicht durchsetzen können, und zwar nicht nur wegen der bourbonischen und überhaupt europäischen Opposition gegen eine Habsburger Universalmonarchie, sondern auch wegen des von den Reichsinstitutionen getragenen Widerstandes der Reichsstände gegen Bestrebungen einer derartigen Wiener Politik. Der Aufstieg Brandenburg-Preußens und der damit entstehende österreichisch-preußische Dualismus geben dieser inneren Struktur in der zweiten Hälfte des 18. Jahrhunderts ein besonderes Gewicht. Dennoch ist dieses Gebilde nicht bloß ein Spielball fremder Mächte. Es steht im Zentrum des europäischen Interesses, weil sich an seinen Konflikten und deren Lösungen ein innen- wie außenpolitischer Diskurswechsel vollzieht und sich zugleich das Regelwerk der Diplomatie etabliert.

Sowohl innerhalb des Reiches wie zwischen den europäischen Ländern werden zunächst die Herrschafts-, Territorialbesitz- und Sukzessions- bzw. Transmissionsverhältnisse weiterhin nach verrechtlichten Regeln der Familien- und Verwandtschaftsbeziehungen geordnet.[28] Die Vernetzung der Dynastien durch gezielte Heiratsstrategien und die damit einhergehende Intensivierung der familiären Außenbeziehungen wirken sich allerdings verhängnisvoll aus. Das Erbfolgeprinzip der männlichen Primogenitur führt nach dem Westfälischen Frieden mehrfach zu Lücken, die in rascher Folge in teilweise heftige Kriege münden, trotz oder gerade wegen des hohen Verschwägerungsgrades der Dynastien.

Bei fehlender direkter männlicher Nachfolge gibt es nämlich gleich eine ganze Reihe von Anwärtern, die der zuletzt herrschenden Linie nahestehen. Entschieden werden kann hier durch Gewalt. Tatsächlich wird daneben immer häufiger das Mittel der Diplomatie eingesetzt. Diplomatie heißt aber in zunehmendem Maße: diplomatisches Personal, eine eigene Funktionselite, die über eine zumeist historisch-juristische Ausbildung verfügt, wissenschaftlich publizistisch aktiv ist und sich universitär verankert, sich ein eigenes Feld der Öffentlichkeit verschafft, über den eigentlichen Delegiertenauftrag hinaus miteinander verkehrt, sich liiert, verheiratet, verschwägert. Es bildet sich eine regelrechte politische Klasse heraus. Das »stehende Heer« der Diplomaten findet sich auf Reichsebene zum Immerwährenden Reichstag zusammen.[29] Auf europäischem Niveau engagiert es sich bei offenen oder absehbaren Konfliktfällen, indem es Partei ergreift oder vermittelnd interveniert. Ludwig XIV. erkennt, welche Bedeutung eine permanente, immer einsatzbereite, geschulte und rechtlich sachkundige Diplomatengruppe besitzt. Daß er trotz militärischer Niederlagen oder zumindest nicht eindeutiger Resultate, aber auch gegen den politischen Druck intervenierender Mächte dennoch mehr oder weniger unbeschadet seine zum Teil abenteuerlichen Unternehmungen abschließt, hat er wesentlich diesem Personal zu verdanken.[30] Nicht zu vernachlässigen ist übrigens auch der Umstand, daß sich als Folge der Türkenkriege in und um Wien herum eine militärische und politisch-diplomatische Elite versammelt, die es zu einem besonderen Selbstbewußtsein bringt.

Familiendynastien und Diplomatie, d. h. eine professionelle politische Klasse innerhalb des Reichs und in Europa, bilden zwei Systeme, die sich aufeinander beziehen. Die Diplomatie baut dysfunktionale Komplexitäten der dynastischen Innenbeziehungen ab, die von ihr als Außenbeziehungen rational interpretiert und behandelt werden. Zugleich aber wird sie damit zumindest der Möglichkeit nach aus einem Mittel zum Selbstzweck, welcher sich rein dynastischer Zwecksetzung mehr und mehr entzieht. Beide Systeme bestehen im 18. Jahrhundert nebeneinander und werden durch ein neues mentales Instrumentarium vermittelt.

In der Diplomatie und in der juristisch-politisch-ökonomischen Publizistik nach dem Westfälischen Frieden von 1648, vor allem aber im 18. Jahrhundert bis zur Französischen Revolution und dann noch einmal mit dem Metternichschen System der europäischen Restauration wird regelmäßig das Bild des Gleichgewichts der Kräfte verwendet, sinnfällig und ausdrücklich am Beispiel der zwei Schalen einer Waage erörtert. Als erstrebenswert erscheint die Neutralisierung von Konflikten zu einer Mitte des Ausgleichs. Das Reich steht dabei im Zentrum der europäischen Friedenspolitik, zu deren Mittel es wird.[31]

Es gibt landes- und zeitspezifisch unterschiedliche Gleichgewichtskonzeptionen; hier sollen nur drei Momente hervorgehoben werden:

– Vorstellung und Politik des Kräftegleichgewichts stehen in erfolgreicher Konkurrenz zum dynastischen Rechtsanspruch. Die Erbfolgekriege um Spanien, die Pfalz, Österreich, die Kriege gegen die historisch abgeleiteten Rechtsansprüche von Ludwig XIV. werden mit dem Argument des Kräfteausgleichs geführt. Sie verursachen starke Einbrüche im Selbstverständnis des dynastischen Rechtsdenkens. Die österreichisch-habsburgische, zunächst rein familienrechtliche Erbfolgeordnung von 1703, von Karl IV. 1713 in einer inzwischen veränderten politischen Landschaft zur pragmatischen Sanktion erweitert, ist der Sache nach eine Anpassung an diese Gefahr, indem sie den ethnologischen Diskurs der *transmissio* komplexer gestaltet.[32] Von den anderen europäischen Häusern wird dies überwiegend akzeptiert. Und es ist kein Zufall, wenn Friedrich II. eher resigniert notiert, daß sich das Rechtsdenken der Fürstenhäuser letztlich doch gegen das diplomatische Handlungsmodell des Gleichgewichts durchzusetzen versuche. Erst mit der Restauration wird man erfolgreich beide Prinzipien miteinander zu verbinden suchen. Auch nach Metternich werden sich beispielsweise Louis Bonaparte und noch Bismarck der dynastischen Rechtsmodelle und des Gleichgewichtsarguments bedienen. Was hier hergestellt werden soll, ist zudem eine Kongruenz zwischen Dynastie, Kräftebalance und nationalem Flächenstaat. Hiervon ist man aber in der zweiten Hälfte des 17. und in der ersten des 18. Jahrhunderts noch weit entfernt.

– Selbst in dieser Periode können die Vorstellungen von »Gleichgewicht« höchst unterschiedlich sein.[33] In der Intention einer habsburgischen Universalmonarchie und selbst noch in den Versuchen, eine möglichst hierarchische Reichsstruktur durchzuhalten, stellt sich das anders dar als aus bourbonischer Sicht, wo genau dem entgegengearbeitet werden soll. Die jeweils zweite Macht sucht das Gewicht der ersten durch Gegenkoalitionen auszugleichen. Dies trifft sich einerseits mit dem Bestreben der kleineren Reichsstände, sich gegenüber Habsburg zu behaupten, und zwar nicht zuletzt über die Institutionen und rechtlichen Regeln des Reichs. Entscheidend ist nun, daß sich die Reichsstände weder von französischer noch von österreichischer Seite schlicht instrumentalisieren lassen. Sie bedienen sich vielmehr des institutionellen Werkzeugs, um ihre reichsständische, als »deutsche Freiheit« umschriebene Unabhängigkeit zu behaupten. (Daß der Kaiser selbst die kleinsten Reichsstände für sich zu gewinnen und damit zu erhalten sucht, steht hierzu nicht in Widerspruch, sondern kann umgekehrt gerade als Beleg für das Funktionieren der institutionellen und rechtlichen Reichsstruktur angeführt werden.)

– Genau hierin besteht ein weiterer entscheidender Unterschied der Balance-Vorstellungen: Die außenpolitische, realpolitisch-europäische ist anarchisch und beruht letztlich nur auf der Existenz dynastischer Familienbeziehungen einerseits und diplomatischen Personals – welches wiederum eigene Familienstrategien entwickelt – andererseits; die reichsimmanente gründet sich auf feste Institutionen und Rechtsprozeduren, ist aber darüber hinaus auch dem europäischen Ausland gegenüber offen. Nach dem Versagen Frankreichs und Schwedens als Garantiemächte der Reichsverfassung kapseln sich die Reichsstände keineswegs ab, sondern sie unterhalten weiterhin diplomatische Beziehungen zu anderen Ländern, und dies als Reichssubjekte, ohne Souveräne im verkürzt eindeutigen Sinne Bodins oder gar Nationalstaaten zu sein.

Diese merkwürdige Mehrdeutigkeit beschäftigt die zeitgenössischen Rechtstheoretiker und Diplomaten Europas. Das gilt zunächst für die Reichspublizistik im engeren Sinne, die – mit starker universitärer Verankerung vor allem in Halle und Göttingen – das Funktionieren der Reichsinstitutionen historisch und rechtlich rekonstruiert. Es soll genau das Spezifische des Reichs herausgearbeitet werden, was sich den klassischen Definitionen der Herrschaftsformen, aber auch dem absolutistischen Souveränitätsbegriff entzieht. Von Versailles aus wird diese Publizistik sehr genau verfolgt. Das Interesse führt zur Einrichtung der Chancellerie Allemande in Versailles selbst und zur Gründung einer Diplomatenschule an der Universität Straßburg. Diese Rezeption liegt zunächst ganz auf der Ebene einer Doppelstrategie der französischen Diplomatie, welche – im übrigen durchaus in Analogie zu Wien – die offene Reichsstruktur für großmonarchische Interessen zu instrumentalisieren sucht. Die Reichsstände wissen sich dagegen zu wehren.

Das Bild eines Gleichgewichts der Kräfte[34] setzt sich zumindest auf zwei Achsen der politischen Vorstellungswelt im 17. und 18. Jahrhundert durch. Zum einen bezieht es sich auf die Außenpolitik der Dynastien in Europa. Durch Tod, Heirat, Geburt oder Kinderlosigkeit verändert sich das Verhältnis zwischen den Häusern permanent. Diplomatie und Krieg sollen verhindern, daß eine Dynastie in Europa das Übergewicht bekommt. Daraus erklärt sich der laufende Wechsel der Allianzen nach dem Bild der sich austarierenden Waage. Entsprechend wird politisch argumentiert: »Deutschland« könne zu »Frankreich« ein volles Gegengewicht bilden, wenn es nur vereint sei, argumentiert der deutsche Jurist und Historiker Samuel Pufendorf (1632–1694). Zugleich jedoch kommen auch bei ihm – wie schon bei anderen Autoren – Ahnungen der potentiellen Übermacht eines geeinten Reiches im Herzen Europas auf. Das Spiel der Kräfte beherrscht, wer sozusagen in der Mitte der Waage den Feinausgleich reguliert. Diese Funktion wird übereinstimmend England zugesprochen. Zugleich wird aber für möglich gehalten, daß das Reich diese Funktion übernehmen könne.

Damit ist jedoch nicht die Habsburger Dynastie gemeint. Im Gegenteil, dieses »Deutschland« dient dazu, die Möglichkeiten jeder Universalmonarchie oder Hegemonie in Europa zu verhindern. Das zielt natürlich gegen die französischen Bourbonen ebenso wie gegen die österreichischen Habsburger. Damit kommt die Reichsstruktur ins Spiel. Als einer der ersten und mit besonderer Klarheit hat der Philosoph Gottfried Wilhelm Leibniz (1646–1716) diesen Sachverhalt zu analysieren und darzustellen versucht. Das für ihn durchaus verständliche und legitime Streben der Monarchen nach politischem und militärischem Ruhm müsse vom Reich fort an die Peripherie Europas hin gelenkt werden. Damit werde »Deutschland«, dessen institutionelle Struktur er um des europäischen Friedens willen für im wesentlichen unveränderlich, wenn auch reformierbar hält, aufblühen und Europa zu Gleichgewicht, Ruhe und Frieden führen. Offensichtlich schwebt Leibniz hier kein Austarieren durch wechselnde Allianzen mehr vor – wodurch das Reich ja gerade zum Spielball der Mächte geworden sei –, ebensowenig wie die Idee, einzig eine starke europäische Zentralmacht könne das Gleichgewicht der europäischen Kräfte stabilisieren. Die Struktur des Reiches selbst, in ihrem Funktionieren zwar verbesserungswürdig, ist für Leibniz Garantie der inneren Ruhe, des Friedens und der Wohlfahrt. Diese wiederum erscheint geradezu kongruent als Kern des inneren Friedens der Christenheit. »Deutschland« ist in dieser Sicht das »mittel Europae«, d. h. sowohl die Mitte wie auch das Instrument des europäischen Friedens.

Tatsächlich handelt es sich hier um einen neuen Diskurs des europäischen Gleichgewichts, dem es nicht bloß um das Einwerfen von Gegengewichten im dynastischen Machtkampf mit all seinen nicht vorhersehbaren Unwägbarkeiten geht. Auch die Vorstellung einer alles entscheidenden europäischen Zentralmacht »Deutschland« ist im 17. und 18. Jahrhundert nicht üblich. Vielmehr wird in der Reichspublizistik zunehmend die Verfassung als ein inneres Gleichgewicht demonstriert: zwischen den Konfessionen – als Bedingung der Beendigung des Bürgerkrieges –, zwischen Kaiser und Reichsständen, zwischen den Reichsständen selbst. Und bereits gegen Ende des 17. Jahrhunderts, nach den ersten Erfahrungen mit dem sowohl nach Europa als auch nach Deutschland hin orientierten Westfälischen Frieden, wird deutlich, daß beide Balancen zusammenhängen; und zwar gerade dadurch und deswegen, weil »Deutschland« von seiner Verfassungspraxis her keine absolutistische, keine Universalmonarchie werden kann.

Dies macht offensichtlich den Reiz des Reichs aus nichtdeutscher Sicht aus. Deutsche Publizisten können die Schwerfälligkeit und Machtlosigkeit des Reichs beklagen, indem sie es an französischen Verhältnissen messen. Gemessen wird hier allerdings nur am Ideal des Versailler Hofs und seiner offiziell verkündeten Zentralisierungspolitik, nicht an der französischen Realität. Ein nicht unbeträchtlicher Teil der französischen Publizistik verfolgt hingegen interessiert die »deutschen Freiheiten« der Reichsstände; und dies

nicht nur im Auftrag von Versailles, um besser, diplomatisch ge-
schmeidiger intervenieren zu können und dadurch Wiens Einfluß
zu schwächen. Im Gegenteil, Juristen und Parlamentarier verweisen etwa bei der Forderung nach Einberufung der Generalstände
auf die Praxis des Immerwährenden Reichstags in Regensburg: Sie
verweisen darauf, daß dort die »Nation« durch die Stände ebenso
vertreten wird wie durch den – im übrigen von den Kurfürsten
gewählten – Kaiser; daß die Delegierten mit einem imperativen
Mandat versehen sind; daß Reichstag, Reichskammergericht und
Reichshofrat ein besonderes rechtliches Gefüge darstellen; und
nicht zuletzt sehen sie in den »deutschen Freiheiten« antiabsoluti-
stische Privilegien bewahrt und verteidigt.[35]

Es existiert also eine Rezeption des Reichs und der Reichspublizistik, die sich nicht in die Dienste der sonnenköniglichen Politik
stellt. Die Régence samt ihrer Polysynodie stellt hier einen Ein-
schnitt dar. Es ist bezeichnenderweise gerade diese zeitgenössische
französische Rezeption Deutschlands, welche von der auf natio-
nalstaatliche Entwicklung als Weltfortschritt hin geeichten Histo-
riographie beiderseits des Rheins unterschlagen oder zumindest
verständnislos ausgeblendet wird.

Gabriel Bonnot de Mably (1709–1785), Bruder von Etienne
Bonnot de Condillac und Zeitgenosse von Jean-Jacques Rousseau,
ist französischer Diplomat und verfaßt 1748 ein »Droit public de
l'Europe fondé sur les traités«. In seinen 1765 erscheinenden »Observations sur l'histoire de France« geht er davon aus, daß zur
Vermeidung eines Bürgerkrieges eine Vergesellschaftung der Menschen nötig sei; daß unter dem Gesichtspunkt eines autoritären, absolutistischen Staates das Reich in der Tat Nachteile aufweise; daß
jedoch die Reichsstände, als freie und unabhängige Subjekte, überhaupt keine bessere Form hätten finden können, um den Frieden
untereinander zu bewahren, als in der deutschen Regierungsform:
Sie schließen Verträge und bleiben durch eine Art permanenten
Kongreß miteinander verbunden. Dieser Verbund ist das Reich. Der
Kaiser ist Delegierter des Reichs, dessen Lehen er vergibt. Er ist
nicht die Inkarnation des Reiches, sondern dieses ist ihm überge-
ordnet. Damit sind seine Rechte beschnitten. Insofern hat im Urteil
Mablys die feudale Regierung in Deutschland die weiseste aller

möglichen Formen angenommen. Dieses Urteil ist um so bemerkenswerter, als Mably die europäischen und auch deutschen Vertragswerke genau kennt und beispielsweise am Friedensschluß von Brede 1746 auf französischer Seite beteiligt war.[36]

Ganz ähnlich, aber noch radikaler und zugleich klarer äußert sich Rousseau in seinem »Auszug aus dem Plan zum Ewigen Frieden des Herrn Abbé de Saint-Pierre«, geschrieben in den 1750er Jahren zwischen der »Abhandlung über die Ungleichheit« von 1755 einerseits und dem »Gesellschaftsvertrag« von 1759 sowie dem »Emile« (»Emile oder Über die Erziehung« 1762) andererseits. Rousseau entwickelt seine Gedanken beim Ordnen der nachgelassenen Manuskripte des Charles Irénée Castel, Abbé de Saint-Pierre (1658–1743), Beichtvater der Liselotte von der Pfalz und mit den deutschen Verhältnissen gut vertraut. Er hatte bereits 1713 einen europäischen Fürstenbund mit permanentem Kongreß und Gerichtshof vorgeschlagen. Die Erfahrungen der Polysynodie während der Régence lassen seine antiabsolutistischen Vorstellungen noch stärker hervortreten, deretwegen er in Paris angefeindet wird.

Rousseaus Projekte[37] gehen weit darüber hinaus. Er zielt darauf ab, die gefährlichen Widersprüche der den zivilisierten Gesellschaften erwachsenen Kriege durch eine Art föderativer Regierung aufzuheben, die nach den Modellen der Schweiz, der Vereinigten Provinzen und vor allem des Alten Reichs organisiert sein müsse. Europa bestehe stillschweigend, als tatsächliche Einheit der Sitten und Gebräuche sowie einer sozialen Praxis des Reisens, des Verlagswesens, der Wissenschaften. Demgegenüber erscheinen Afrika und Asien nur dem Namen nach als Einheiten. Die praktische Einheit Europas werde allerdings durch die politischen Verhältnisse zwischen seinen Ländern laufend behindert. Es herrsche der Normalzustand des Krieges, und Friedensschlüsse seien nur flüchtige Waffenstillstände. Allerdings existiere eine Art Gleichgewicht, welches verhindere, daß sich eine Universalmonarchie durchsetze. Gesucht werde eine ordnende und zusammenwirkende Kraft.

Was Rousseau im folgenden vorschlägt, ist eine Generalisierung deutscher Reichszustände. Allerdings setzt er pointierte Akzente. Die projektierte Konföderation sei letztlich nichts anderes als ein

»Contrat social européen«, ein europäischer Gesellschaftsvertrag, geschlossen zwischen den Völkern und nur in zweiter Linie zwischen ihren Fürsten. Die Prinzipien dieser Konföderation lägen in einer allgemeinen Assoziation, nur scheinbar einer Unterwerfung, in Wirklichkeit aber einer völligen Freiheit, der Einrichtung einer Exekutive (»grande ligue armée«); einer solchen allgemeinen Konföderation werde sich niemand widersetzen, notfalls werde er gezwungen, frei zu sein. Die Allianz solle ewig und unwiderrufbar sein; es werde nach dem Vorbild des Immerwährenden Reichstags eine »Diète permanente« mit festen Stimmenverhältnissen eingerichtet; die Konföderation garantiere die Besitzrechte der Teilnehmer; den Regelverletzer treffe der Bannstrahl Europas, er werde zum öffentlichen Feind erklärt und dazu gezwungen, wieder in die Konföderation zurückzukehren; diese »République européenne« habe das Recht, zum Vorteil Europas bindende Beschlüsse zu fassen. Die Fürsten schließlich hätten als hauptsächliche Aufgabe nicht mehr die Kriegführung zum eigenen Ruhm, sondern sie müßten sich in der Menge der Könige dadurch auszeichnen, daß sie für das öffentliche Wohl arbeiteten. Es werde keine Souveränität aufgegeben. Denn es bestehe ein wesentlicher Unterschied, ob man von jemand anderem oder nur von einem Korps abhänge, dessen Teil man ist und den man selbst im turnusmäßigen Wechsel regiert. Es handele sich hier um keine Entäußerung oder Entfremdung. Noch einmal führt Rousseau Deutschland als Modell an: In ihm wolle sich kein Stand aus dem Reichsverband lösen und völlig unabhängig sein.

Das Reich erscheint derart als Mitte und Zentrum Europas, konzipiert als Vergesellschaftung der Völker, während die Dynastien nur noch die Repräsentanten der Exekutive stellen. Um keine Mißverständnisse aufkommen zu lassen: Rousseau antizipiert hier keine internationale Konföderation nach dem Muster der seit dem 19. Jahrhundert aufgekommenen Pläne. Sein Entwurf ist antimonarchistisch, reduziert die Fürsten zu Delegierten und Dienern des öffentlichen Wohls; die Einheit Europas ist nicht international, sondern eine der Sitten, Gebräuche, der Intellektualität und der materiellen Kultur, also vornational, aber dennoch mit einem eigenen Gewicht versehen; hierüber soll letztlich die projektierte Vergesellschaftung Europas vonstatten gehen, während die bestehenden politischen Institutionen einschließlich der Monarchien buchstäblich sozialisiert werden; eine europäische Universalmonarchie ist ausdrücklich ausgeschlossen. Das Reich liefert Rousseau hierfür das praktische Vorbild.

Auf deutscher Seite erscheint spätestens mit der Französischen Revolution und den napoleonischen Kriegen nicht dieser Weg, sondern die nationale Identitätsfindung als Ausweg aus der dynastischen Politik. Ab der Restauration wird Europa dann nur mehr inter-, d. h. transnational vorstellbar. Daß es eine Epoche lang auch vornational als Gleichgewicht gedacht wurde, ist nun offensichtlich nicht mehr nachvollziehbar. Das Reich erscheint – wie schon in der deutschen protonationalen Literatur der Gleichgewichtsgegner – auch in der neueren Nachkriegsgeschichtsschreibung immer noch als passive Verfügungsmasse interessierter Territorialstaaten.

Mit der Etablierung der Berufspolitiker und -diplomaten ändert sich nicht nur die Vorstellungswelt des Verhältnisses zwischen den Ländern, sondern es entwickelt sich im selben Zuge auch ein regelrechter neuer Blick auf den Kontinent. Europa erfindet und entwirft sich selbst als geopolitischen Raum.[38] Tatsächlich haben noch im 17. Jahrhundert auch die Repräsentanten des absoluten Staates Mühe, sich die Größe ihres oder eines anderen, benachbarten Reiches genau vorzustellen. Um hierfür ein vielleicht typisches Beispiel zu geben: 1684 legen die Astronomen Cassini und Picard und der Mathematiker Roberval ihre »Carte de France corrigée par ordre du Roi sur les observations de l'Académie des sciences« vor. Ludwig XIV. ist davon alles andere als begeistert: »Ihre Arbeiten haben mich ein Drittel meines Königreiches gekostet«, bemerkt er ohne Scherz. In der Tat zeigt sich Frankreich nach genauer Vermessung erheblich kleiner, als man es sich vorgestellt hatte (im Westen 1,5 Grade näher an Paris, im Süden $1/2$ näher nach Norden).

Die Vorstellung, die ein Souverän sich bis dahin von seinem Reich macht, bezieht sich im wesentlichen auf die Erfahrungen während seiner Reisen im Land. Im 17. Jahrhundert hört der Hof auf, derart mobil zu sein. Er läßt sich in Residenzen nieder. Die

Repräsentation eines Reiches wird kartographisch, territorial. Auf einer vorgestellten Fläche verteilen sich die Punkte von Verwaltung und Verteidigung, verbunden durch Kommunikationslinien. Wenn sich ein Reich ausdehnt, wie etwa das ottomanische oder wie Rußland, dann nicht, indem eine Grenze verschoben, sondern indem Linien vorgestoßen und durch Punkte befestigt werden, welche umgekehrt wiederum diese Kommunikationslinien schützen sollen.

In der Tat werden im 17. und noch zu Anfang des 18. Jahrhunderts keine Grenzen ausgehandelt oder militärisch verschoben, sondern die geopolitischen Überlegungen zielen auf die Souveränität über Städte und Gebiete und auf Rechte über deren Bewohner als Untertanen. Es geht also um die Herrschaft, nicht um Grenzziehungen zwischen Territorien. Dem entspricht, daß die Gebiete in Grenzregionen aus kleinen und kleinsten Lehen zusammengesetzt sind, welche verschiedenen Mächten zugeordnet werden. Damit ist eine exakte Grenzziehung etwa zwischen dem Alten Reich und Frankreich unmöglich. In allen Kriegen und Verhandlungen Ludwigs XIV., selbst bei seiner Reunionspolitik, spielt die Grenze noch nicht einmal als Begriff eine Rolle; was zählt, sind nicht Territorien, es geht vielmehr darum, Lehen von einer Krone ab- und an eine andere anzukoppeln, wobei nicht alles, was territorial damit zusammenhängt, eindeutig zuzuordnen ist.[39]

Dementsprechend werden auch in den Verhandlungen im Osten des russischen Reiches oder zwischen dem habsburgischen und dem ottomanischen Reich zunächst keine Grenzen als lineare Demarkierungen gezogen, sondern Puffergebiete festgelegt, die als *terra nullius* definiert und damit keinem Souverän zugeordnet werden – demilitarisierte und entvölkerte Zonen vor allem, die als »Barriere« dienen sollen.

Erst gegen Mitte des 18. Jahrhunderts werden Grenzlinien gezogen. Als ein Beispiel mag der Vertrag von Belgrad 1739 zwischen Rußland und der Türkei dienen. Neu hieran ist, daß zwar weiterhin mit den Vorstellungen von *terra nullius* und Barriere-Zonen gearbeitet wird, vom französischen Vermittler de Villeneuve, Diplomat und Botschafter von Versailles an der Hohen Pforte, jedoch eine Demarkationslinie als Grenze vorgeschlagen wird. Bei den polnischen Teilungen ist ein solches Vorgehen dann bereits gängiger Brauch.

Doch der Weg dorthin ist offensichtlich mühselig. Er besteht im wesentlichen in einer Veränderung der Vorstellungswelt. »Grenze«, »frontière« wird zunächst mit der Vorstellung einer befestigten Tür verbunden, die man für den Durchgang öffnen und schließen kann; die Vorstellungsrichtung ist defensiv/aggressiv nach vorne bzw. hinten gerichtet. Bei Sébastien Vauban (1633–1707), dem französischen Festungsbaumeister unter Ludwig XIV., findet man zwar bereits 1678 Überlegungen, welche die »fortifications frontières« (Grenzbefestigungen) zu einer Linie verbinden: eine Reduktion der Grenze auf »lignes de places fortes« (Festungslinien), ergänzt durch vorgelagerte Festungspunkte. Zugleich will Vauban die inneren Zollschranken an den Rand des Königreiches verlegen. Der Mißerfolg der Kriegspolitik gegen die Vereinigten Provinzen führt jedoch dazu, daß sich diese Vorstellung nicht durchsetzen kann. Bis dahin wird es noch ein Jahrhundert dauern.

Vorher schon gibt es innerhalb der verschiedenen Länder Grenzziehungen anderer Art: die der römisch-katholischen Kirche und ihrer Diözesen, also auch als Rechtsbereiche. Man versucht, sie mit anderen Räumen in Übereinstimmung zu bringen. In den Religionskriegen wird diese Lösung in der eindeutigen Zuordnung (*cuius regio*), schließlich aber dann doch in der Religionsfreiheit gefunden. Die Übereinstimmung zwischen zivilen und kirchlichen Räumen geht Hand in Hand mit einer Parallelisierung des *corpus mysticum* der Kirche mit dem des Staates.

Eine erste Karte Frankreichs, in der nach zivilen und religiösen Bereichen der Herrschaft und Zuständigkeit unterschieden wird, wurde bereits unter Ludwig XIII. von Nicolas Sanson angefertigt, dies aber noch ausschließlich auf der Grundlage von schriftlichen Berichten, nicht von Landbegehung und -vermessung. Erst 1748 beginnt eine systematische Kartographierung des Landes, die 1815 abgeschlossen wird und weltweit als Vorbild dient. Die linienförmige Grenzziehung erscheint als eine Erfindung der Revolution und des Empire: Die ersten Linien-Grenzverträge sind die von Basel und von Campo-Formio, welche 1795 die Rheingrenze ziehen und 1797 Venedig aufteilen; hier ist zum ersten Male von

»lignes de limites« (Grenzlinien) die Rede. Die Enklaven im Norden und Nordosten werden aufgehoben, die diskontinuierliche wird zur linearen Grenze. Zwei Bewegungen sind hierbei festzustellen. Zum einen werden die Enklaven nach dem Prinzip der Selbstbestimmung des Volkes, des Willens seiner Zugehörigkeit zu einer Nation legitimiert. Zum anderen wird diese Nationalität in den Raum projiziert und kartographisch festgeschrieben. Das Ganze geschieht in einem eminent kriegerischen Kontext und wird 1814 und 1815 mehrfach vertraglich fixiert. Vor allem aber wird diese Liniengrenze zu einem Graben zwischen den Nationalitäten. Oder anders ausgedrückt: Sie wird auch zu einer »moralischen Grenze« (Lucien Fèbvre).

Die politische Grenze ist schließlich die Projektion eines national-staatlichen Raumes mit seiner kartographischen und zugleich auch militärischen Fixierung. Ohne die Erfindung des Staates, ohne die Fiktion der Nation hätten sich diese linearen Grenzen nicht durchsetzen können; sie sind deren Funktion. Es ist bemerkenswert, daß es auf lokaler und regionaler Ebene nicht nur Bewegungen der Absonderung, sondern auch der Zugehörigkeit zu einem größeren Zusammenhang, etwa als Untertanen eines Fürsten, eines Königs gegeben hat. Die Erfindung der Grenzen und der Territorialstaaten wird durch die neue Berufsgruppe der Politiker und Diplomaten der Epoche vorgenommen, und zwar durchgängig vom 17. bis zum 19. Jahrhundert. Sie sind juristisch geschult, sehr häufig kirchenrechtlich ausgebildet und beziehen sich auf ein entsprechendes, gemeinsames, länderübergreifendes Korpus, welches bereits zum Vorbild der europäischen Staatenbildung geworden ist. Es ist dieselbe Gruppe, welche das Konzept der Nation herausarbeitet, und zwar in allen seinen Variationen. Dadurch, daß sie sich der Geographie, der Kartographie in politischer und militärischer Absicht bemächtigt, materialisiert sie gleichsam dieses Konzept, schließt es mit den lokalen und regionalen Visionen kurz; das macht dann unter anderem dessen Erfolg, seine Popularität vor allem ab dem 19. Jahrhunder aus – mit allen Konsequenzen bis zur Praxis der »ethnischen Säuberung«. Zugleich aber verwischt dieser kleinste gemeinsame Nenner der

Territorialität auch die zum Teil wesentlichen Unterschiede zwischen dem, was »Nation« in den einzelnen Fällen heißt.

Die neue Dimension der europäischen Diplomatie und ihrer Vorstellungswelt zeigt sich darin, daß die dynastischen Interessen der alten Art in den Hintergrund treten. Es handelt sich jetzt dezidiert um staatliche Interessen, als welche die der Dynastien noch erscheinen können, aber nicht müssen. Für die Interessenvertretung selbst gibt es ein besonderes Verwaltungspersonal. Eine weitere spezialisierte Gruppe kümmert sich ausschließlich um die Außenbeziehungen. Schließlich findet ein Übergang von dynastischer zu nationaler Legitimierung des Staates statt, und dieser wiederum wird kartographisch in den Raum projiziert. Das diplomatische Personal ist jetzt auf Verhandlungen konzentriert, mit denen Grenzen definiert und neu definiert werden, und zwar in Abhängigkeit von den Vorstellungen eines Kräftegleichgewichts in Europa. Dieser neue Diskurs erfaßt den dynastischen und stellt sich schließlich über ihn. Er wird die Politik des 19. und 20. Jahrhunderts bestimmen.

Gesellschaftsvertrag und Repräsentation

Eine Beendigung der selbstzerstörerischen Kämpfe, in die sich die europäischen Eliten, die Könige und Prinzen, der Adel, die Stände verbissen haben, scheint zunächst nur im Rahmen der traditionell vorgegebenen Institutionen und Denkmuster möglich zu sein. Die offensichtlich nächstliegende und leichteste besteht darin, die königliche Macht zu stärken, indem die anderen feudalen Institutionen zurückgedrängt und neue innenpolitische Verwaltungsorgane erfunden werden. Und in der Tat scheint vom 16. bis zum 18. Jahrhundert ein Großteil der Konflikte innerhalb der europäischen Länder auf dieser Diskursebene abgehandelt zu werden. Doch es stellt sich die Frage, ob mit denselben Begriffen und Argumenten auch immer dasselbe gemeint und vorgestellt wird. Denn wirklich wird im 17. und 18. Jahrhundert um kaum etwas mehr gestritten als um den Sinn, um die Bedeutungs- und Gebrauchsstruktur von politisch und gesellschaftlich relevanten »Worten«.[40]

Daß dieselbe Begriffswelt nicht mehr notwendigerweise mit sich selbst identisch ist, gilt insbesondere für die des Absolutismus. Die Versuchung, alle innenpolitischen Zwistigkeiten dadurch zu lösen, daß man schlicht die monarchische Macht durch Zentralisierung stärkt, liegt auf der Hand. Hierfür gibt es auch in der Geschichte außerhalb Europas hinreichend Beispiele.[41] Das entscheidende Problem besteht darin, wie und mit welchen Mitteln dies durchgeführt wird. Im europäischen Fall geht es um die Erfindung bestimmter Institutionen und spezifischer Vorstellungswelten; beide greifen überdies weit über die ursprünglich beschränkte, die konkrete, persönliche Intention des Monarchen hinaus.

Wie die Außenbeziehungen zwischen den Ländern von einem professionellen Personal übernommen werden, welches zwar von dem gegebenen mentalen Material und den Interessen der Familien, Dynastien und Lehensverhältnisse ausgeht, zugleich aber darüber hinausgehende diplomatische und geopolitische Vorstellungswelten mit besonderen Kriterien der Kräfteeinschätzung und des Kräfteausgleichs entwickelt, so schafft sich die Monarchie in ihren Binnenbeziehungen ebenfalls neue administrative Institutionen und Regeln und eine eigene Berufsgruppe. Sie kann fast überall in Europa einen den Ständen gegenüber abgeschlossenen Bereich der Kabinettspolitik etablieren. Sie kann zudem, wie etwa in Preußen, versuchen, zumindest einen möglichst großen Teil des Adels in diesen neuen bürokratischen Staatsapparat zu integrieren, indem sie ihm ein Monopol für bestimmte Bereiche – etwa den Militärapparat – überläßt. Der Adel kann andererseits, wie in Frankreich, von sich aus darauf insistieren, für die Besetzung von Stellen in Institutionen, wie den genannten Gerichtshöfen, eine über mehrere Generationen nachzuweisende Zugehörigkeit zum Adel zu verlangen (»Adelsreaktion«).

Bei allen landesspezifischen, regionalen und lokalen Unterschieden, bei allen konfessionellen und machtpolitischen Gegensätzen, bei allen Differenzen über die Frage der Souveränität bleibt doch ein gemeinsames Resultat der frühneuzeitlichen Entwicklung festzuhalten: die feste Etablierung von Rechtsbeziehungen, in welche zum Teil auch der Fürst als Repräsentant der Nation und als Gesetzgeber einbezogen wird, oder in einem anderen Zusammenhang auch als Verkörperung der staatlichen Exekutive. Der dynastische verwandelt sich in einen administrativen Staat, ohne damit gleich auf einen Schlag das dynastische Moment zu verlieren. Wenngleich die Strategien zur Reproduktion der Macht oftmals miteinander konkurrieren, wird doch zunehmend auch für adelige Familien eine zusätzliche Investition in außerfamiliäre Ausbildung und Diplome zur Voraussetzung für die Karriere ihrer Söhne. Daneben tritt eine Schicht, eine neue regelrechte Korporation von Männern, welche berufsmäßig auf die Staatsverwaltung nach rechtlichen Regeln spezialisiert sind und entsprechend Macht ausüben, jedoch ohne sie durch Erbfolge an ihre Söhne weitergeben zu können.[42]

Auch dieser Vorgang ist eine unmittelbare Reaktion auf die generationsübergreifende traumatische Erfahrung der konfessionell-politischen Bürgerkriege in Europa. Was sich im Laufe des 17., 18. und 19. Jahrhunderts herausbildet und immer mehr verfeinert, sind Theorie und Praxis eines Modells der Vergesellschaftung durch abstraktes Recht. Deren Etablierung kommt einer regelrechten Revolution in den mentalen Vorstellungswelten von Gesellschaft und sozialem Handeln gleich.[43]

Thomas Hobbes und John Locke, die oben bereits im Kontext der Bürgerkriege ihrer Zeit situiert wurden, gehören – trotz ihrer Gegensätze – zu den zunächst erfolgreichsten Vertretern dieses Modells.[44] Die Stringenz der Argumentation von Hobbes für eine Vergesellschaftung durch staatliches Recht besteht darin, aus dem chaotischen Recht aller auf alles ein Aneignungsrecht zu machen, welches mit gesetzlicher, staatlicher Gewalt geregelt wird: Eine unbeschränkte Aneigung aller Dinge durch alle ist unmöglich. Nur dadurch, daß ein Staat, gleichgültig ob er eine Monarchie, eine Aristokratie oder Demokratie ist, ein Machtmonopol ausübt, welches das Aneignungsrecht aller auf alles begrenzt und kanalisiert, ist für Hobbes Vergesellschaftung überhaupt vernunftgemäß denkbar und geschichtlich realisierbar. Nur durch eine »Trennung« zwischen Staat und Gesellschaft erscheint Gesellschaft überhaupt als handlungs- und überlebensfähig. Dies bedeutet umgekehrt, daß Gesellschaft ohne staatliche Verfassung (im weitesten Sinn) nicht existieren könnte.

Der Staat muß nach Hobbes alles tun, um die Frage nach der Legitimation seiner Herrschaft, d. h. der staatlichen Verfaßtheit der Gesellschaft zu verhindern. Ein grundlegendes Problem besteht aber darin, die Anerkennung des staatlichen Zwangs zu erklären, dem die Individuen ja zustimmen sollen.[45] Zur Lösung bedient sich Hobbes zweier Elemente, welche im weiteren Verlauf im Zentrum des rechtstheoretischen Interesses stehen werden: das Modell des Vertrags und das der politischen Repräsentation. Es soll ein freiwilliger Vertrag geschlossen werden, und zugleich soll freiwillig einem Zwangsverhältnis zugestimmt werden. Die Zumutung besteht für die individuelle Person darin, sich selbst im Staat repräsentiert zu sehen, und zwar gerade auch dann, wenn die staatlichen Handlungen den eigenen unmittelbaren Interessen entgegengesetzt sind.

Diese beiden Momente, die Vertragsfigur als freiwillige Vereinbarung einerseits und die Repräsentation als Modell der Anerkennung von Herrschaft andererseits, werden im folgenden die Rechtstheoretiker des 17., 18. und noch 19. Jahrhunderts nachhaltig beschäftigen. Montesquieu, Locke, Rousseau, Burke und eine ganze Reihe weniger prominenter Publizisten stellen nicht nur theoretisch, sondern gerade in der politischen Praxis und in dramatischen Krisensituationen – wie in den Auseinandersetzungen im Frankreich des Ancien Régime, im Vorfeld und während der Amerikanischen Revolution, in der Französischen Revolution, aber auch in der Beobachtung dieser Vorgänge von außen – genau diese beiden Problemstellungen in den Mittelpunkt ihrer Bemühungen.

Es ist an dieser Stelle nicht möglich, allen Differenzierungen des Modells der abstrakten Vergesellschaftung im einzelnen nachzugehen. Zwei Positionen jedoch verdienen eine kurze Erläuterung, weil sie im 18. und 19. Jahrhundert wiederum zu Referenzen für scharfe politische und soziale Kämpfe werden: die John Lockes und Jean-Jacques Rousseaus.

Locke konzipiert einen Gesellschaftsvertrag, der eine Rechtszwang ausübende Staatsgewalt konstituiert.[46] Allerdings schränken eine Reihe von Institutionen und Grundannahmen den »Absolutismus« der Hobbesschen Provenienz erheblich ein. Die Souveränität bleibt bei den Individuen, genauer bei der Gemeinschaft der Privateigentümer, die Locke als repräsentatives Organ denkt. Außerhalb dieser repräsentativen Verfassung hat das Volk keine Existenz. Da die politische Repräsentation das Volk als Gemeinschaft der Privateigentümer erst konstituiert, herrscht wie bei Hobbes eine staatliche Rechtszwangsgewalt über die vergesellschafteten Individuen. Insofern ist die von Locke unterstellte Zustimmung der Individuen zu der Regierung, zu der staatlichen Verfaßtheit der Gesellschaft im Einzelfalle nicht zwingend notwendig, sondern wird durch die Technik der Repräsentation einfach unterstellt. Mit anderen Worten: Es ist von der Sache her unmöglich, zwischen den Individuen der Gesellschaft und dem Staat ein rechtliches Verhältnis zu institutionalisieren. Die Einführung eines Widerstandsrechts läuft bei Locke letztlich auf die Entscheidung durch revolutionsähnliche Gewalt der Untertanen gegen ihre Regierung hinaus. Allerdings erhofft er sich eine größere Konsensbildung innerhalb der vom Bürgerkrieg zerrissenen englischen Gesellschaft. Er erreicht dies vor allen Dingen mit dem Hinweis darauf, daß durch die staatliche Verfassung der Gesellschaft und durch rechtliche Regelung der privaten Aneignung eine zugleich friedliche und optimale Struktur innerhalb der Gesellschaft ermöglicht werde.

Eine andere Lösung liefert Jean-Jacques Rousseau in seiner Arbeit über den Gesellschaftsvertrag.[47] Auf der Suche nach einer Form der legitimen Vergesellschaftung formuliert er sein Problem so, daß es darum gehe, Person und Eigentum jedes Individuums durch die gesamte gemeinschaftliche Gewalt zu schützen. Dies soll auf eine Art und Weise geschehen, daß jeder, der der Gesellschaft gehorcht, letztlich nur sich selber gehorcht und dadurch ebenso frei bleibt wie vor dem Stadium der Vergesellschaftung. Hierin kann für Rousseau die alleinige Grundlage des Rechts liegen: In einem Gesellschaftsvertrag entäußern sich alle Individuen samt ihrer Habe selbst und konstituieren sich dadurch als Gesellschaft. Von dieser Gesellschaft erhalten sie wiederum ihre Person, das Recht auf ihre Freiheit und auf ihr Eigentum zurück. Damit erscheint die Begrenzung der individuellen Freiheit zugleich als individuelle Selbstbestimmung. Freiheit besteht nach Rousseau darin, daß man keiner anderen Person unterworfen ist, indem man sich kollektiv sich selbst unterwirft. Die Individuen werden Volk, während im selben Zug die staatliche Verfassung ihre Beziehungen untereinander regelt.

Was derart paradox oder widersprüchlich formuliert wird, löst Rousseau für die Praxis durch das nachdrückliche Versprechen, daß eine solche Vergesellschaftung nicht durch Repräsentation stattfindet, sondern darauf gerade verzichtet. Repräsentation ist für ihn ein feudales Instrument, das der Unfreiheit dient. Wenn schon nicht jedes Individuum direkt und unmittelbar an der Gesetzgebung und an politischen Entschlüssen teilnehmen kann, dann soll es dies wenigstens durch eine Delegation und durch das imperative Mandat tun können. Allerdings verfügt auch dieser Staat in der Version Rousseaus über eine unbeschränkte rechtliche, gesetzliche Zwangsgewalt. So können einerseits Individuen, die der Gemeinschaft nicht zustimmen, gezwungen werden, in ihr zu verbleiben; Rousseau deklariert dies als Zwang zur Freiheit. Auf der anderen Seite ist der Staat befugt, übermäßige Aneignung und Akkumulation durch Staatsintervention zu begrenzen. Auch Rousseau hat schnell erkannt, und er gibt es im »Gesellschaftsvertrag« bereitwillig zu, daß er von den vergesellschafteten Mitgliedern seiner Gemeinschaft geradezu Un-, ja Übermenschliches verlangt. Eine Lösung sieht er in einem erzieherischen Staat, der sich einer moralischen Religion bedient.[48]

Auch wenn Rousseau die Realisierungschancen dieses idealen Modells äußerst gering einschätzt und eigentlich nur für Polen und Korsika gegeben sieht,[49] so setzt er doch für die weitere Diskussion seines Modells abstrakter Vergesellschaftung Maßstäbe, an denen sich alle weiteren Disputanten in Politik und Sozialwissenschaft orientieren müssen. Wenn er ausdrücklich die ökonomische Komponente von Freiheit, Gleichheit, individueller Aneignung, aber auch von staatlicher Enteignung in sein System legitimer Vergesellschaftung einbaut, kann er dies letztlich nur, indem er einem agrikolen, stark physiokratisch orientierten Bild der politischen Ökonomie seiner Zeit verhaftet bleibt. Dies entspricht auch seiner zivilisationspessimistischen Position innerhalb der französischen Aufklärung.

Fassen wir noch einmal die wesentlichen Momente des Modells dieser Vergesellschaftung durch Vertrag und Repräsentation zusammen. Es zeichnet sich durch folgende Eigenschaften aus:

– Es hebt durchgängig alle alten, feudalen Formen des Eigentums, welche zunehmend unsicher und widersprüchlich geworden sind, insbesondere aber auch Formen des Gemeineigentums und der Eigentumslosigkeit auf und organisiert sie lückenlos in der nun universellen Form des Privateigentums.

– Dieses Privateigentum wird rechtlichen Personen, Individuen oder Gemeinschaften zugeordnet, die wieder mitsamt ihren Eigentumstiteln durch die staatliche Gewalt geschützt werden.

– Damit wird von seiten des Staates die Gesellschaft durchgängig nach den Mustern von Individuen, Rechtspersonen und Privateigentümern organisiert.

– Diese Organisation entschärft Konflikte unterschiedlicher Rechte und unterschiedlicher Eigentumsformen sowie daraus abgeleiteter Aneignungsformen, welche sich in der feudal verfaßten Gesellschaft gegenüberstanden.

– Die Einsicht in die Notwendigkeit der staatlichen, rechtlichen Verfaßtheit der Gesellschaft sowie des staatlichen Gewaltmonopols zur Sicherung der Freiheit und Gleichheit der Personen und des Eigentums wird einerseits durch die Eigentumsgarantie, andererseits durch wie auch immer im einzelnen gestaltete Muster der Repräsentation plausibel gemacht und vorausgesetzt.

In der zweiten Hälfte des 18. Jahrhunderts scheiden sich gerade an Rousseaus Problematik legitimer Vergesellschaftung die politischen Optionen, vor allem an den Punkten der Repräsentation und an denen der staatlichen Intervention in die Ökonomie, welche die Rechte des Privateigentums erheblich beschneiden. Dies betrifft insbesondere das Verhältnis zwischen abstrakter und materieller Gleichheit. Genau hierum werden sich die Kämpfe in der Französischen Revolution und in der frühen Arbeiterbewegung Englands, die Auseinandersetzungen des deutschen Liberalismus und die Diskussionen um die staatliche Verfaßtheit in den Revolutionen von 1848/49 drehen. Worauf es hier vorerst nur ankommen soll, ist, daß es sich bei dieser Frage um eine politisch-*praktische* Diskussion handelt, die einerseits den Bürgerkrieg verhindern soll, auf der anderen Seite aber selbst zum Gegenstand neuer, tiefgreifender sozialer Auseinandersetzungen im 19. Jahrhundert wird.

Zwar mögen die Vertreter von Positionen, die sich gegen diese Vergesellschaftungsform wenden, rückwärtsgewandt sein, indem sie auf alten Rechten beharren, welche ihnen genommen werden; der Sache nach reagieren sie aber auf eine Enteignung, die zugleich eine private Aneignung ist. Die Argumentation Lockes richtet sich gegen nichts anderes als gegen Forderungen nach Gemeineigentum, denen er die stärkere Position des Privateigentums gegenübersetzt: Wenn das privateigentümliche Pferd Gras des Gemeineigentums fresse, so werde auch dieses Gras Privateigentum; und wenn ein Arbeiter eines Herrn Torf aus dem Gebiet der Landgemeinde steche, so eigne sich der Herr auch diesen privat an.

Hier wird deutlich, daß die Verunsicherung,[50] ja die regelrechte Relativierung der Besitzverhältnisse, welche sich in den konfessionell-politischen Glaubenskriegen zeigt, dadurch aufgehoben werden soll, daß eine neue Form des Eigentums als Privateigentum generalisiert wird, das von staatlicher Seite unbedingt geschützt werden soll. Dazu gehört auch, daß keine anderen Formen des Eigentums mehr zugelassen werden. Insbesondere Gemeineigentum ist auszuschließen, und jede Sache muß einer Person gehören. Eine *res nullius*, eine eigentümerlose Sache, muß generell ausgeschlossen werden. Auf diese doppelte Weise, das heißt durch die Formierung lückenlos privateigentümlich angeeigneter Dinge einerseits und entsprechender staatlicher Verfaßtheit der Gesellschaft andererseits, erhofft sich die Elite Europas, die tiefgreifenden Rechts- und insbesondere Besitzunsicherheiten aufzuheben, welche die feudal verfaßte Gesellschaft zu lösen nicht mehr fähig war.

Einerseits ist es die Verallgemeinerung des privateigentümlichen Rechts, welche seine Stärke in der Auflösung der feudalen Gesellschaftsstrukturen ausmacht. Universalität bedeutet hiermit zugleich Vereinfachung der Rechtsformen und damit rationelleren Umgang mit einzelnen Konfliktfällen. Andererseits verlangt genau diese universelle Form der mit Hilfe des Rechts umgesetzten Vergesellschaftung, daß in einem größeren Maße als zuvor ideelle, abstrakte Formen Eingang zuerst in das städtische und dann in das ländliche alltägliche Verhalten finden.[51] In der Verallgemeinerung von Geld- und Vertragsverhältnissen schließlich, die vom Staat und seinem rechtlich geschulten Personal gesichert und geschützt werden, scheinen nicht nur die Gefahren eines Bürgerkrieges innerhalb der Elite und zwischen den verschiedenen Schichten der Gesellschaft gebannt zu sein. Es kann sich außerdem, gleichsam als unverhoffter – und zeitgenössisch undurchschaubarer, dem moralischen Verhalten zugeschriebener – Nebeneffekt, ein bis dahin unvorstellbarer ökonomischer Aufschwung entfalten, der ohne diese staatliche Verfaßtheit der Gesellschaft nicht möglich wäre. Dieselbe Universalität und leicht handhabbare Rationalität dieses Modells der staatlichen »Vergesellschaftung durch Recht« wird im weiteren 19. Jahrhundert auch den Erfolg der europäischen kolonialen Politik gegenüber den außereuropäischen Gesellschaftsformen ausmachen.

Auf andere bürgerkriegsähnliche Konflikte um die Praxis politischer Repräsentation in der europäischen Geschichte wird weiter unten einzugehen sein. Vorerst soll hier nur der geschichtliche Kontext erläutert werden, in dem die Konzeption von Repräsentation im 17. und 18. Jahrhundert an Bedeutung gewinnt. Das geht nicht friedlich vor sich. Ab Mitte des 17. Jahrhunderts finden Kämpfe um Vorstellungswelten statt, die mit bestimmten zentralen Begriffen verbunden werden. Nicht nur in der Theoriegeschichte im engeren Sinne, sondern auch und vor allem in den konkreten politischen Auseinandersetzungen dieser Epoche spielen die Besetzungen und die Positionen solcher Begriffe eine zentrale Rolle. Nicht zufällig sind auch die rechtstheoretischen Publikationen häufig, wenn nicht grundsätzlich um Fragen der Definition von Begriffen aufgebaut. Es handelt sich, wie bei den konfessionellen, religiösen Konflikten des 16. Jahrhunderts, buchstäblich um Kämpfe auf Leben und Tod. Um eigene, politische Machtpositionen zu behaupten, wird der Gegenposition vorgeworfen, bestimmte Worte zu mißbrauchen. Zu einem Kernkomplex gehören Begriffe wie Konstitution, Repräsentation, Delegation, Versammlung, Stände, Staaten, Parlament, Nation.[52] Je nach politischer Praxis, nach konstitutioneller Position, nach Kenntnis eines entsprechenden juristischen oder rechtstheoretischen Korpus werden diese Begriffe derart miteinander kombiniert und ergänzt, daß sie nicht nur in sich stimmig sind, sondern auch die betreffende Position argumentativ nachhaltig untermauern. Daß es dabei zu Umdefinitionen im Vergleich zum historischen Korpus kommt, spielt hierbei kaum eine Rolle. Wichtiger erscheint, den entsprechend vertretenen, verteidigten und aggressiv vorgebrachten politischen Positionen eine Evidenz zu geben, indem ein plausibles begriffliches Netzwerk gespannt wird, welches auch in der öffentlichen Meinung Erfolg haben kann.[53]

Zu einem der zentralen Begriffe in dieser Auseinandersetzung um den richtigen Gebrauch der Worte zählt neben »Nation« vor allem der der »Repräsentation«. Bemerkenswert ist hierbei, daß die politische Praxis der Repräsentation eine untrennbare Verbindung mit der Repräsentation als mental-kognitive Leistung eingegangen ist.[54] Anders ausgedrückt: Ohne die Vorstellung einer Sache, eines Bildes, eines sozialen Zusammenhanges erscheint politische Repräsentation als vergesellschaftende Praxis nicht möglich. Es ist daher kein Zufall, daß die meisten Rechtstheoretiker zugleich Philosophien der Vorstellung und der Vorstellungswelten entwickelt haben. Diese äußern sich zunächst als theologische und als kirchenrechtliche Probleme. So entwickelt Thomas von Aquin eine hochdifferenzierte Theorie der mentalen Repräsentation, auf die alle späteren mittelalterlichen Erkenntnistheoretiker zurückgreifen und die sie noch verfeinern. Theologisch und kirchenrechtlich bedeutet Repräsentation zunächst Stellvertretung, so des Corpus Christi in der Kirche, des Gottesreiches in der Monarchie. Zugleich stellt Repräsentation eine konzeptuelle, eine juristische Einheit her. Repräsentation kann somit auch eine uneigentliche Person konstituieren. Deren Handeln wiederum ist rechtlich bindend für die Repräsentierten. Deshalb taucht bereits früh die Forderung auf, daß Repräsentation des Konsensus, der Legitimation bedürfe, wobei es allerdings nicht notwendig sei, daß unbedingt jede einzelne Person zustimmen müsse. Es wird von einer stillschweigenden Zustimmung ausgegangen. Um dieser bestimmte

Regeln zu geben, werden Verfassungen geschaffen. Bereits früh wird deutlich, daß Repräsentation zwei Dimensionen besitzt: Repräsentiert werden zum einen diejenigen, die der Repräsentation zustimmen und für welche sie rechtsverbindliche Folgen besitzt; zum anderen konstituiert Repräsentation ein *corpus fictum*, einen nur in der Vorstellung existenten, nicht materiellen Körper, in welchem die Repräsentierten sich selbst verkörpert sehen.

Die Auseinandersetzungen in der katholischen Kirche im 14. und 15. Jahrhundert stellen, mitsamt der Literatur und kirchenjuristischen Argumentation um diese Kämpfe herum, eine Art Experimentierlabor der Möglichkeiten von Repräsentation dar. Zu den wesentlichen Techniken der Repräsentation gehören die Wahl und die Versammlung. Auch die Kirche wird durch eine »Versammlung« – die Gläubigen – konstituiert und repräsentiert. Gleichzeitig kann die Repräsentation des *corpus fictum*, des vorgestellten Körpers, sich weiter konkretisieren, indem sie die Form einer empirischen Person annimmt. Sie repräsentiert dann nicht mehr die Versammlung, sondern jene Abstraktion des *corpus fictum* der Kirche. Die kirchenpolitischen und religiösen Konflikte entzünden sich an der Frage nach dem Verhältnis zwischen beiden Formen der Repräsentation. So erklären beispielsweise die Teilnehmer der Konzile von Konstanz 1415 und von Basel 1439, die Konzile würden die Kirche repräsentieren und stünden selbst über dem Papst.

In derselben Zeit, in der innerhalb der katholischen Kirche um das Verständnis und die Techniken von Repräsentation handfest gekämpft wird, legt das englische Parlament mit einer Doppeldefinition seiner Repräsentation den Keim zu den späteren Auseinandersetzungen des Bürgerkrieges. Danach repräsentieren die Delegierten einerseits jeweils die Stände und Korporationen, andererseits aber auch die gesamte *communitas* Englands. Darüber hinaus repräsentiert der König das Reich, allerdings zusammen mit dem Parlament. Hieraus sind im wesentlichen zwei praktische Modelle hervorgegangen. Das »absolutistische« Modell Hobbes' konzentriert sich, wie oben gezeigt, ganz auf die Repräsentationsfigur des Monarchen und löst dadurch die korporatistisch gegliederte Gesellschaft auf. Der andere Lösungsversuch besteht darin, die Doppeldefinition in Richtung einer widersprüchlichen Einheit von Parlament und König aufzuheben. Der Absolutismus wird hier sozusagen einer Versammlung statt einer einzigen Person übertragen. Eine Spannung zwischen Individuum und korporatistischer Gliederung der Gesellschaft bleibt bestehen. Denn der als gegeben angenommene Konsens zu den Entscheidungen, die vom Parlament getroffen werden, setzt zunächst in Stände eingebundene Bürger voraus. In einer Gegenbewegung jedoch repräsentiert das Parlament nicht mehr allein Stände, sondern die ganze Gesellschaft, und diese Totalität steht der ansonsten unstrukturierten Masse von nunmehr politisch vergesellschafteten Individuen gegenüber.[55]

Wie im Alten Reich, das neben dem Reichstag lokale und regionale Ständevertretungen und in Reichsstädten auch Patrizierversammlungen kennt, so fehlt auch in Frankreich eine landesweite Repräsentation. Sie existiert allerdings zumindest partiell auf lokaler und regionaler Ebene. Schon im 16., 17. und 18. Jahrhundert gibt es im Süden Frankreichs verschiedene Arten von Räten, insbesondere in den Städten und Gemeinden.[56] Gewählt wird entweder nach einem allgemeinen und gleichen Wahlrecht, so vor allem in den ländlichen Gemeinden, oder aber nach einem Zensuswahlrecht, das an ein bestimmtes, jährlich zu versteuerndes Einkommen gebunden ist, da man davon ausgeht, daß derjenige, der am meisten Steuern bezahlt, auch das größte Interesse an einer wirtschaftlichen und gut funktionierenden Verwaltung besitzt. Zensuswahlrecht kann zusammen mit ständischem Vertretungswahlrecht gelten. Gegenüber der lokalen und regionalen Repräsentationspraxis entsprechen die Handlungen der Parlements, welche sich gegen den Absolutismus richten, der angelsächsischen Praxis und Vorstellung der virtuellen Repräsentation. Hiergegen wendet sich die Interessenrepräsentation gerade auf lokalem Bereich. Während diese die konkreten Interessen eines Stadtteils, einer Kommune, einer Region vor Augen hat und in die Diskussion eindringen will, abstrahieren die Repräsentationsvorstellungen der kulturellen und politischen Elite von der konkreten Struktur der Gesellschaft des Ancien Régime. Die über Generationen, ja Jahrhunderte sich entwickelnde lokale Repräsentationspraxis steht offenkundig quer zu dem Projekt einer nationalen Repräsentation, welches die Französische Revolution durchzusetzen sucht. Ebenso wie sie mit dem bekannten Gesetz Le Chapelier (1791) Assoziationen jeder Art als illegale Gesellschaften unterbindet, kämpft sie schließlich mit Erfolg gegen die Tendenzen, daß Städte untereinander Sicherheitsabkommen schließen und dabei die nationale Repräsentation unterlaufen.

Aus heutiger Sicht mag der Bezug der modernen politischen Repräsentation in seiner parlamentarisch-demokratischen Ausformung auf das kirchenrechtliche Korpus des europäischen Spätmittelalters und auf die gemeindepraktische Selbstorganisation kaum mehr plausibel erscheinen. Vergesellschaftung durch einen wie die Kirche als *corpus fictum* definierten Staat erscheint einem pragmatischen Berufspolitiker des 20. Jahrhunderts wahrscheinlich unsinnig. Den Zeitgenossen hingegen ist dieser Bezug, der bis zur förmlichen Analogie geht, völlig präsent. Das gilt über Generationen, Ländergrenzen und Konfessionen hinaus: Rousseaus Staatsabstraktion lehnt sich ausdrücklich an religiöse Praktiken an; der kirchenrechtlich geschulte Abbé Sieyès verteidigt in der Französischen Revolution vehement das Prinzip der Repräsentation als eine der abstrakten Nation; der englische Utilitarist Jeremy Bentham definiert 1789 die Gesellschaft als »a fictitious body«, eben als ein *corpus fictum*, das aus den Individuen zusammengesetzt ist, die seine Glieder sind. Die oftmals zitierte »Vergöttlichung« des abstrakten Staates, wie sie etwa Hegel vorgeworfen wurde, steht tatsächlich in einer langen europäischen Tradition.

Der Selbstentwurf der bürgerlichen Gesellschaft (1650–1800)

Private Schriftkultur und öffentliche Meinung

Die Epoche der Aufklärung erscheint als die Periode, in der sich in Europa eine Öffentlichkeit, eine öffentliche Meinung als politischer und sozialer Machtfaktor definitiv etabliert.[57]

»Meinung«, »opinion«, »opiner« hat zunächst nie seine Konnotation verloren, etwas Persönliches, Unsicheres, Unausgereiftes zu sein. Eine Meinung ist eine individuelle Position, der etwas Zufälliges anhaftet und die weit davon entfernt sein kann, Wahrheiten auszudrücken. Ebensogut kann ihr mit kaum geringerem Recht eine andere Meinung entgegengesetzt werden. Dennoch erscheint ab der Mitte des 18. Jahrhunderts die öffentliche Meinung in den politischen Diskussionen als eine regelrechte Berufungsinstanz außerhalb und selbst gegen die bestehenden Institutionen der ständischen Gesellschaft. Dabei kann diese Instanz nicht einmal präzise sozial bestimmt werden. Aber sie gewinnt ein Gewicht, welches nicht mehr vernachlässigt werden kann.[58]

Öffentlichkeit hat es zuvor nur in unmittelbarem Bezug auf bestimmte Schauspiele gegeben: die der Kirche, die des Hofes, des Theaters, der Musik, die der ständischen, aber auch der Wohn- und Arbeitsgemeinschaften in den Städten und auf dem Lande. Diese Öffentlichkeit ist an die traditionellen Institutionen und Anlässe gebunden. Die neue Öffentlichkeit hingegen schafft sich ihre Organe selbst. Vor allem die der Publizistik und die der Soziabilität gehören hierzu, und eine neue Schriftkultur ist ihre Voraussetzung.

Die Macht dieser wirksamen, aber letztlich ungreifbaren, abstrakten Autorität ist so groß, daß selbst ihre Gegner nicht mehr daran vorbeikommen, sich ihrer zu bedienen, sie zu beeinflussen und propagandistisch zu manipulieren. Der Versailler Hof etwa, dessen Politik traditionell darauf gerichtet sein muß, Meinungsbildung in den Kanälen der ständischen Gesellschaft zu lenken, wodurch bestimmte Themen nur von ausgewählten Männern zu speziellen Gelegenheiten und in dafür geeigneten Institutionen behandelt werden dürfen, sieht sich schließlich gezwungen, ebenfalls in der Öffentlichkeit zu arbeiten. Bereits Rousseau argumentiert, daß Vernunft, Tugend und Gesetz die öffentliche Meinung nur dann bewegen könnten, wenn man zugleich die Kunst erlernt habe, sie zu verändern. Der französische Außenminister Charles Gravier de Vergennes fordert 1774, daß die Regierung die öffentliche Meinung, diese »Königin der Welt«, vorteilhaft für sich einsetzen müsse. Minister Jacques Necker, der die englische politische Publizistik schätzt, schlägt Ludwig XVI. 1788 vor, die Macht der Parlements zu brechen, indem die Versailler Propaganda sich der Instrumente der »opinion« bediene.

Zwei unterschiedliche Modelle existieren in der Vorstellungswelt des 18. Jahrhunderts: parteiische Meinungen, die sich öffentlich befehden, die Gesellschaft spalten, zerreißen, sie destabilisieren, letztlich sogar in den Bürgerkrieg führen; oder eine kohärente öffentliche Meinung, welche als Medium funktioniert, indem sie Synthesen herstellt, private Meinungen vermittelt und gegensätzliche Interessen miteinander versöhnt. Genau dies wird dann auch als eine wesentliche Aufgabe der politischen Repräsentation benannt.

Im Zentrum der öffentlichen Auseinandersetzungen, die ganz Europa und Nordamerika durchziehen – wobei die Elite jedes Landes zugleich Augenzeuge der Konflikte in den anderen Ländern ist –, stehen eben Begriffe wie Nation, Verfassung, Repräsentation, Freiheit, Recht. Dabei wird in der Regel wenig systematisch vorgegangen, sondern nach Mustern der Plausibilität bzw. der Evidenz gearbeitet: danach, was unmittelbar einleuchtet oder dessen gegenteilige Annahme unsinnig erscheint. Herangezogen werden geschichtliche und juristische Überlegungen, die auf Besitzstandswahrung oder auf ein verlorenes, »ursprüngliches« Recht zielen. In diesem Streit um den »richtigen Gebrauch der Begriffe«, der sich über zwei Jahrhunderte erstreckt und in Konjunkturen anschwillt und abflaut, zeigt sich eine große Verunsicherung. Was plausibel und offensichtlich ist, scheint auf Anhieb nicht eindeutig auszumachen zu sein. Der Marquis d'Argenson notiert 1754, daß man unter Ludwig XIV. die Worte »nation« und »état« kaum gebraucht und sich wenig darunter vorgestellt habe. Simon-Nicolas-Henri Linguet stellt 1778 fest, daß König, Parlements und Adel allesamt von sich behaupteten, die Nation zu repräsentieren: »Nur sie selbst kann nicht sagen, was sie ist, noch ob sie überhaupt ist. Bis dieser Punkt geklärt ist, bleibt alles konfus und dient zu Anmaßungen und zu Auseinandersetzungen.«[59] Es kann auch zu einem inflationären Gebrauch bestimmter Begriffe kommen, die dann kaum mehr etwas aussagen.

Die öffentliche Meinung gewinnt sehr früh den Charakter und den ausdrücklichen Titel eines Tribunals, vor dem strittige Angelegenheiten zwischen Personen oder Institutionen, also zwischen unterschiedlichen Meinungen verhandelt werden. Einrichtungen der ständischen Gesellschaft, ja selbst noch die Politik der Regierungen und der Höfe sind dem unterworfen. Diese Charakterisierung kommt nicht von ungefähr zustande. Vielmehr sind es die Gerichtshöfe in der Gesellschaft des Ancien Régime selbst, die den ihnen zugewiesenen institutionellen Rahmen sprengen, sich an das Publikum wenden und sich seiner als politischem Instrument bedienen.[60] Die Vertreter der Monarchie irren sich nicht, wenn sie dieses Vorgehen als Gefahr für die Ordnung denunzieren und zu verhindern suchen. Ludwig XV. weist nicht nur prinzipiell den Anspruch der Parlements zurück, anstelle der Generalstände die Nation zu repräsentieren, sondern er bestreitet ihnen auch das Recht, ihre gegen den König gerichteten Beschlüsse zu veröffentlichen. Weiterhin wird die öffentliche Meinung von einem Autor wie Linguet schlicht als »Phantom« bezeichnet. Und noch 1789 unterscheidet Jacob-Nicolas Moreau in seiner »Exposition et défense de notre constitution monarchique française« zwischen einer begrenzten, beliebigen »opinion publique« und dem »vœu unanime de la Nation«. Vor allem geht es darum, Parteiungen zu vermeiden, welche die Gesellschaft zerreißen könnten. Die Angst vor einem Bürgerkrieg eint weiterhin die Kontrahenten. Man mag dies daran ablesen, daß jede Position mit dem Argument zu arbeiten sucht, nur sie gewährleiste die Einheit der Nation und sorge für den inneren Frieden der Gesellschaft. Umgekehrt wird jeweils entgegensetzten Meinungen unterstellt, sie gefährdeten die Einheit des Landes. Nicht unangefochten, aber überwiegend wird der Raum der Öffentlichkeit doch als Austragungsort der politischen Kontroversen akzeptiert. Er existiert weiterhin neben den ständischen Institutionen, und er wird nicht nur von »bürgerlichen«, sondern auch von aristokratischen, monarchistischen, feudalen Interessenvertretern wahrgenommen. Er ist also keiner sozialen Gruppe eindeutig zuzuordnen. Wichtig ist nicht mehr, welchem Stand und welcher Politik man angehört, entscheidend ist vielmehr, daß man an der öffentlichen Meinung teilhat und in ihr möglichst erfolgreich operiert.

Es scheint auf den ersten Blick paradox zu sein, daß diese Form der Öffentlichkeit eine ihr entgegengesetzte Entwicklung zur Voraussetzung hat: die Erfindung des Privaten, des Rückzugs in einen abgeschlossenen Lebensraum, der sich den bestehenden öffentlichen Instanzen der ständischen Gesellschaft entzieht. Dieser Vorgang hat bereits am Ausgang des Mittelalters eingesetzt. In der Renaissance erlebt er eine Blütezeit.[61] Selbstverständlich erfordert dieser Rückzug, wenn er nicht gleichzeitig einer in die Armut ist und etwa durch eine Klostergemeinschaft aufgefangen und organisiert wird, ein persönliches Vermögen. Damit erst läßt sich ein privates Leben organisieren: Freiheit von Geschäften und öffentlichen Verpflichtungen, ein gesichertes Einkommen, Ruhe, Muße. Der private Raum erhält auch eine eigene Architektur. Dazu gehört der umfaßte, nach außen abgegrenzte Garten, dazu gehört vor allem aber eine persönliche Bibliothek, ein Studierzimmer. Die Renaissance entwickelt von hier aus nun Netze der Korrespondenz, der Kommunikation. Eine Geschichte der Humanisten, die deren Verbindungen nachvollzieht, bleibt noch zu schreiben. Festzuhalten ist allerdings, daß es sich um eine Verständigung innerhalb einer schmalen Schicht von Privatgelehrten handelt. Sie bleiben demonstrativ den bestehenden Formen des öffentlichen Verhaltens fern, lehnen Ämter möglichst ab. Umgekehrt aber veröffentlichen sie die Ergebnisse ihrer Arbeit in Form von Büchern und Abhandlungen.

Die aufklärerische Verdinglichung der »Meinung« im Raum der

Öffentlichkeit darf nicht darüber hinwegtäuschen, daß der Zugang zu ihr, vor allem die aktive Teilnahme, von Anfang an restriktiv gehandhabt wird. Es herrscht Gleichheit, aber, wie etwa Montesquieu ausdrücklich erklärt, nicht eine des niedrigen, ungebildeten Volkes wie in Holland, sondern eine zwischen gebildeten Männern, der kulturellen Elite.[62] Besitz, Bildung und Adel werden komplementär gedacht, das eine bedingt das andere. Noch zu Beginn des 19. Jahrhunderts wird die öffentliche Meinung dem Volk entgegengesetzt. Darin sind sich alle Aufklärer, alle Philosophen, alle Männer des Rechts und der Politik in allen europäischen Ländern einig: Der öffentliche Raum wird nach universellen Regeln der Vernunft konstruiert, welche oberste Richterin sei. Doch nur wenige sind berufen, sie tatsächlich zu repräsentieren.

Dies kommt einer Selbsternennung der Gruppe der Intellektuellen zu und in ihrer spezifischen gesellschaftlichen Funktion gleich. Auswahl und gegenseitige Bestätigung erfordern besondere soziale Praktiken. Eine ist der Briefwechsel zwischen Gelehrten. Er wird durch die Korrespondenz mit Akademien und gelehrten Gesellschaften ergänzt. Und obwohl der Markt für Bücher, Pamphlete, Periodika expandiert, legen manche Autoren doch Wert darauf, daß ihre Schriften nur innerhalb eines reservierten, ausgewählten Kreises gelesen werden. So sind etwa die Kommentare Diderots nur für die Subskribenten von Melchior Grimms »Correspondance littéraire« bestimmt.

Allerdings erweitert die Einführung der Drucktechnik den möglichen Leserkreis von Korrespondenzen erheblich.[63] Darauf stellt sich dann auch der Vertrieb ein. Bereits ab der Mitte des 16. Jahrhunderts sieht Europa einen neuen Typ des Verlegers von Büchern. Er finanziert den Druck von Manuskripten und verkauft bzw. tauscht die ungebundenen Bögen auf Messen zu einem Sortiment zusammen, welches er wiederum den Buchhändlern zum Kauf anbietet. Die Zusammenstellung des Sortiments verlagert sich zu Anfang des 18. Jahrhunderts von den Verlegern und Buchmessen hin zu den Buchhändlern selbst. Ein großer Teil des Vertriebs über Land wird von fahrenden Händlern, den Kolporteuren, übernommen.

Mit dem Angebot korrespondiert eine wachsende Nachfrage

2 Buchkolporteur
Fliegende Händler beliefern selbst noch die entlegensten Landstriche mit Zeitschriften, Broschüren und Büchern, oft auch Übersetzungen und Raubdrucken.

der Lesenden. Die Lesepraxis, aber auch das Lesepublikum hat sich verändert. Die aristokratische Lektüre ist die von lateinischen, eventuell auch griechischen Texten. Es ist die Lektüre eines Montaigne und auch noch eines Montesquieu. Der Unterschied zwischen beiden liegt darin, daß Montaigne ein rein klassisches Bibliothekskorpus besitzt, während Montesquieu bereits wesentlich mehr liest, aber auch mehr notiert und schreibt. Montaigne arbeitet dem Empfinden entgegen, alles sei zerstört und es gebe keinen inneren Zusammenhalt mehr, einem Lebensgefühl, das etwa der Engländer John Donne um 1600 beschreibt. Montesquieu schlägt den entgegengesetzten Weg ein, indem er seine Lektüre erweitert, diversifiziert, regelrecht zerstreut. Immer noch aber unterwirft er seine Lektüre einer ständischen, antiegalitären Hierarchie und strukturiert sie nach den Kriterien einer Kulturelite.

Grundsätzlich wird im 18. Jahrhundert die Lektüre lateinischer Texte durch die in den jeweiligen Landessprachen ersetzt. Im 17. Jahrhundert ist noch eine Verdoppelung mancher Texte zu verzeichnen, die sich in einigen Disziplinen, wie der Philosophie, bis zum Anfang des 19. Jahrhunderts hält. Im Raum der europäischen Aufklärung wird das Französische zur Sprache der Gebildeten. Umgekehrt erhält und gibt sich die Publikation in der Landessprache einen antiaristokratischen Charakter. In diesem Zusammenhang kann der deutschsprachige Leseraum gegen die reichsständische Zerstückelung die Idee einer durch die Kultursprache vermittelten antiaristokratischen nationalen Einheit hervorbringen.

Dennoch ist die neue Lektüre vielschichtig: Es ist eine »wilde« Lektüre, eine ungehemmte Aneignung von Gedrucktem. Es ist eine Umgehung, eine Negierung der Zensur, und zwar nicht nur der administrativen – staatlichen und kirchlichen – Kontrolle, welche die Lektüre monopolisiert und hierarchisiert, sondern darüber hinaus eine Aufhebung auch der individuellen, der psychischen Zensur: sich Verbotenes nehmen, Unvorgestelltes imaginieren, Undenkbares schreiben, lesen und teilweise ausleben. Auf diese Art ist der *libertin* kein Wüstling, sondern Leser, Utopist, Experimentator, Autor, Philosoph.[64]

Lektürefähigkeit ist nicht notwendigerweise an Schreibfähigkeit gebunden. Kinder, vor allem Jungen, lernen Lesen bereits vor der

Schule; doch zu dem Zeitpunkt, da in der Schule der Unterricht in aktiver Schreibschrift beginnt, werden sie bereits zu Erwerbsarbeiten herangezogen. Lesen lernt sich also früher, leichter und unabhängig vom Schreiben, bezieht sich dann allerdings überwiegend bzw. ausschließlich auf das gedruckte, nicht oder weniger auf das handschriftliche Wort.

Das Bedürfnis nach Lektüre, eine regelrechte Lesewut, eine Explosion der Leserschaft kennzeichnen das 18. Jahrhundert. Danach wird es kein Zurück mehr geben. Wenn die Lektüre zwei Jahrhunderte später fallengelassen wird, so ist sie inzwischen eine andere geworden, und andere Medien haben sie ersetzt. Freiheit, Leichtigkeit des Kopfes und des Gedankens verbinden sich zugleich aber auch mit der Angst, verrückt zu werden. Dies alles geschieht in einer Zeit, welche die Beherrschung des Körpers, die Selbstzucht, Höflichkeit und Eleganz predigt und anerzieht. Demgegenüber entsteht im Inneren, eben im Kopf, eine berauschende Vorstellungswelt, die unendlich groß erscheint. Dies erfordert eine enorme Selbstbeherrschung, eine regelrechte neue Sozialisation, eine Zügelung der Vorstellungswelt.

Wird die Selbstbeherrschung noch bestimmten Eliten zugetraut, so wird es doch als sehr gefährlich empfunden, wenn untere Schichten des Volkes, abhängig Arbeitende, die nicht gesellschaftlich fest eingebunden sind, und insbesondere Frauen sich diesem Raum der Lektüre überlassen. Was hier befürchtet wird, wird ganz offen ausgesprochen: daß beim Leser Erwartungen geweckt werden, die gesellschaftlich nicht erfüllt und auch individuell nicht gemeistert werden können. Volksaufklärung ist somit in erster Linie eine Volkspädagogik, eine Aufklärung in homöopathischen Dosierungen, die auf keinen Fall schaden darf.

Dieser Nachdruck auf der Selbstbeherrschung des Kopfes macht im übrigen die Anstrengungen der Philosophie aus. Von Descartes über Spinoza zu Kant, Fichte, Hegel findet sich das Motiv der »Krankheit des Kopfes« und ihrer Genesung immer wieder. Die Schriften Montaignes, Samuel Pepys', Jacques-Louis Ménétras legen, jede auf ihre Art, Zeugnis davon ab, daß Schreiben auch dazu dienen soll, diese innere Welt gleichsam zu ordnen und in den Griff zu bekommen, sich Rechenschaft abzulegen und zugleich den Kopf, die Vorstellungen zu beherrschen. Mehr noch, über dieses Medium sollen selbst noch körperliche Triebe in den Griff bekommen werden: übermäßiges Essen und vor allem Trinken, ungezügelte Sexualität oder erotische Ausrutscher und andere Fehltritte. Rechenschaft ablegen, Gelübde schriftlich abfassen, deren Einhaltung dann wieder schriftlich protokollieren: Es wird deutlich, daß hier der Raum des Schreibens für die Erforschung und für die Contenance des eigenen Lebens verwendet wird, ein Mittel des Zwangs zur Selbstbeherrschung ist.[65]

Ein solches privates Journal ist nicht immer, auf jeden Fall nicht nur zur Veröffentlichung gedacht. Es ist eine Selbstverständigung, oder es wird vor einem nichtexistierenden, richtenden Publikum der öffentlichen Meinung geschrieben. Rousseau schließlich öffnet diese Intimität des reinen Individuums gegen die Gesellschaft für eine Öffentlichkeit, eine sympathisierende Gemeinschaft der Leser. In diesen Bereich gehören auch die vielen fiktiven Briefwechsel, Briefromane, die Intimität über das schriftliche Medium publizieren, die Publikationen von Rétif de la Bretonne oder von Louis Sébastien Mercier.

Das Ganze erscheint zugleich als ein zutiefst beunruhigender Prozeß, denn man weiß nicht wirklich, was ein Mann in seinem Lesezimmer treibt und imaginiert. Erst recht gilt dies für lesende und schreibende Frauen. Manche Mädchen erhalten sogar bewußt keinen Schreibunterricht, damit sie nicht unvorsichtigerweise mit möglichen Verehrern korrespondieren können.

Das heißt also, daß im Raum der Schriftlichkeit verschiedene Verhaltensweisen und Praktiken keine hierarchischen Verhältnisse mehr konstruieren, dafür aber neue Grenzen in jedem dieser neugeschaffenen Räume gezogen und festgelegt werden sollen. Dennoch bleibt die Versuchung des Verbotenen bestehen. Daraus erklären sich die Vorstellungen von der medizinischen Schädlichkeit übermäßiger Lektüre. Dies gilt wieder insbesondere für Frauen, weshalb das Bild der lesenden Frau eine Faszination ausstrahlt, die bis weit ins 19. Jahrhundert bestehenbleibt.[66]

In der zweiten Hälfte des 18. Jahrhunderts findet die Anonymisierung des Lesemarktes statt. Der Autor und Schriftsteller verliert den direkten Kontakt mit seinem Leser. Zumindest im System der

Revuen und Korrespondenzen konnte der Leser selbst noch aktiv als Schreibender in die Diskussion eingreifen. Nunmehr erscheint der Leser für den Autor als Teil eines anonymen Publikums, als ein fiktiver Leser. Auch die Verleger richten sich nach diesem anonym strukturierten Lesemarkt aus. In einer Gegenbewegung stilisieren bestimmte Schriftsteller und Dichter in einem Rückzug von dieser Marktöffentlichkeit und unter zum Teil heftiger, grundlegender Kritik der Gesellschaftszustände einen eigenen Geniekult, indem sie ihrer Literatur eine moralische und utopische Dimension geben. Zugleich beginnt dieses System der Literatur reflexiv zu werden, denn über dasselbe Medium der gedruckten Bücher, Pamphlete oder Revuen werden fortan Aufsätze, Theaterstücke, schriftstellerische Arbeiten jeder Art rezensiert und kritisiert. Der Rezensent, die literarische Kritik wird dadurch zu einem stabilisierenden Moment der literarischen Reproduktion. Mit der Auflösung der Lesegemeinschaft schließlich besitzt die Lektüre keine eigenständige soziale Organisation mehr. Bestenfalls gibt es Institutionen wie Cafés und andere Formen der Soziabilität, wie den Club, welche die Lektüre anbieten. Ansonsten bleibt sie isoliert und autonom.

Doch nicht jeder Leser nimmt auch an der Bildung der öffentlichen Meinung teil; er rezipiert sie bloß. Die Öffentlichkeit selbst wird dennoch aktiv hergestellt und erhalten durch die Kommunikation gebildeter, gelehrter Männer über schriftliche Korrespondenz und Publikation. Diese Gelehrsamkeit wird in der Regel durch eine entsprechende Ausbildung erlangt. Immanuel Kant bemerkt, daß es nur sehr wenigen gelingt, als Autodidakten diese Qualität des aktiven, sicher und selbständig denkenden und schreibenden Intellektuellen zu erlangen.

Einschneidend ist hier die erwähnte Erfindung der Kritik. Das Theater des 17. Jahrhunderts konstituiert noch ein heterogenes Publikum, das sich aus Anlaß des Schauspiels aus Vertretern aller Schichten zufällig zusammensetzt. Das gilt für das Theater im eigentlichen Sinne ebenso wie für einen Gottesdienst, eine Messe. Sicherlich sind hier und dort einige besondere Plätze nach dem Rang der Person reserviert, etwa in Logen; doch der Zuschauerraum bleibt im wesentlichen einem zufällig zusammengewürfelten

Publikum überlassen. Samuel Pepys überfällt in dieser unstrukturierten Menge manchmal ein Gefühl der Unsicherheit, ja der Angst. Er entzieht sich ihr, indem er seinen Blick auf Frauen konzentriert oder deren gezielt »zufällige« körperliche Berührung sucht. Daneben hält er aber in seinem Tagebuch schriftliche Beurteilungen der Theaterstücke oder der Predigten fest, wobei er durchaus ins Detail geht und seine Meinungen begründet. Der entscheidende Schritt wird aber erst durch den schriftlichen Austausch und die Veröffentlichung solcher Kritik getan. Tatsächlich wird im 18. Jahrhundert alles, was ein Publikum konstituiert, kritikfähig: Theater, aber insbesondere auch Bücher, Pamphlete und Periodika. Selbst die kulinarische Kultur erreicht ihren Höhepunkt schließlich durch das Aufkommen von regelmäßig schriftlich publizierten Kritiken der Restaurants.

Von der Kritik der öffentlichen Meinung werden auch Gerichte und Richter nicht ausgenommen. Hier sind zwei konvergierende Bewegungen zu verfolgen. Zum einen verlangt ein interessiertes Publikum die Aufhebung des geheimen Gerichtsverfahrens und spricht sich darüber hinaus noch das Recht zu, die Entscheidungen samt Begründungen selbst zu beurteilen. Denn was verhandelt wird, mögen zwar für sich Einzelfälle sein, aber sie berühren doch zumindest auch Fragen von allgemeinem, generellem und oft selbst konstitutionellem Interesse. Zum anderen gehen Magistrate durch Publikationen von sich aus an die Öffentlichkeit, um ihren Entscheidungen in Konflikten mit anderen Institutionen mehr Gewicht zu verleihen und den Gerichten bestimmte politische Funktionen zuzuschreiben. Ein Beispiel hierfür sind die Parlements in Frankreich, die sich wiederum – im übrigen durchaus unzutreffend – auf das englische Parlament und auf die deutschen Reichsinstitutionen berufen.

Öffentlichkeit und politische Repräsentation gehören schließlich zusammen. Die aktive Teilnahme daran ist jeweils nur einer kleinen Elite vorbehalten, die durch Vermögen und Bildung dazu imstande ist und in der arbeitsteiligen Gesellschaft bestimmte Funktionen übernehmen kann. Gefordert wird Spezialisierung ebenso wie Universalität. Durch besondere Techniken wie die Wahl oder Akklamation wird dieser Elite das Vertrauen ausgesprochen. Diese Öffentlichkeit gibt sich repräsentativ. Auch ist umgekehrt Repräsentation öffentlich: Sie besitzt ein Publikum, welches der politischen Vernunft im Prozeß ihres Werdens und Produzierens beiwohnt. Selbst hat es aber keinerlei Kompetenz, in diesen Vorgang einzugreifen. Doch soll es ihm passiv assistieren, ihn rezipieren, weil dadurch die Gesetze allgemeine Verbindlichkeit für jedes Individuum besitzen. Die schriftliche Fixierung dient demselben Zweck.

Bei Immanuel Kant findet sich die merkwürdige Dialektik zwischen privatem und öffentlichem Raum erklärt:[67] Der private Gebrauch der Vernunft finde bei der Ausübung eines Amtes statt, sei es im Unterricht, in der Kirche, in der Verwaltung oder der Armee, also in einer bestehenden Institution des Staates und der Gesellschaft (einschließlich der Familie). Der öffentliche Gebrauch der Vernunft hingegen wird von einem Gebildeten ausgeübt, der für ein lesendes Publikum schreibt und damit Mitglied der universellen bürgerlichen Gesellschaft ist. Es macht für Kant offensichtlich keinen Unterschied, ob der private Vernunftgebrauch stillschweigend vonstatten geht oder ob er geäußert wird. Wesentlich scheint ihm bei seiner Unterscheidung zu sein, daß der Personenkreis, vor dem er ausgedrückt wird, durch Institution und Amt definiert und damit begrenzt wird. Nur der Raum, der sich selbst durch Vernunft, Schreiben und Lesen konstituiert, ist für ihn öffentlich.

Akademien und autonome Assoziationsbewegung

An der Schnittstelle zwischen den Räumen des aristokratischen privaten Lebens und der Freundschaft zwischen Männern – Räume, die in ihrer Kultivierung vorerst nur einer schmalen privilegierten Schicht zur Verfügung stehen – erlebt im 17., 18. und 19. Jahrhundert das Assoziationswesen eine beispiellose Entwicklung, welche für die neuzeitliche Gestalt Europas prägend wird. Es bilden sich darin eigenständige Organisationsformen der Öffentlichkeit, die gleichsam zwischen die bestehenden Institutionen der ständischen Gesellschaft und der Kirchen, zwischen ihre Klassifikationen treten.

Noch einmal: Der Intellektuelle der Renaissance hat sich zunächst von der universitären Lehre und der Enge des städtischen Zusammenlebens zurückgezogen in die Isolation der Privatheit, und zwar möglichst unter Gleichgesinnten und Freunden. Er ist Aristokrat. Und er ist weniger an inhaltlicher, konkreter philosophischer oder wissenschaftlicher Forschung interessiert, sondern mehr an literarisch-künstlerischer Ästhetik. Ein Netz von Korrespondenzen etabliert sich, Reisen ergänzen es. Dies ist die Phase der Gründung der Akademien in Europa: Die Bestätigung des aristokratischen *negotium* als kulturelle Elite, in der Regel ausdrücklich gefördert von den entsprechenden Fürsten, anerkannt unter ihresgleichen, respektiert auch von unten.

Hinzu kommt im 16. und 17. Jahrhundert angesichts der die europäische Elite selbstzerfleischenden konfessionellen Bürgerkriege die kultivierende Erfahrung der Männerfreundschaft als soziale Utopie. Natürlich ist Freundschaft zuerst ein intimes Verhältnis ausschließlich zwischen zwei Personen. Zumindest wird es so erlebt und dargestellt. Doch gerade indem es sich in einen bewußten Gegensatz zu den bestehenden chaotischen und undurchschaubaren gesellschaftlichen und politischen Verhältnissen setzt, scheint das Modell erweiterbar oder analogisierbar zu sein. Freundschaft kann nunmehr zum Erlebnis innerhalb einer Gruppe werden, welche es sogar universell idealisiert, ohne allerdings zunächst die Grenzen dieser kleinen Gemeinschaft zu überschreiten.

Ausgearbeitete und theoretisch reflektierte Modelle finden sich zunächst bei Johann Comenius (Jan Amos Komenský, 1592–1670), einem Pädagogen, Philosophen und Humanisten.[68] Comenius beschreibt nicht nur das Projekt einer weltweiten utopischen Brüderlichkeit, sondern er betreibt mit seinen Schülern ein regelrechtes Netz an esoterischen Gesellschaften, an denen er selbst mit einer bedeutenden, umfangreichen Korrespondenz teilnimmt. Wie für andere hermetische Philosophen (Andreä, Ratichius, Altstätt) ist für Comenius die kleine Gemeinschaft von auserwählten Brüdern und Gelehrten der Ausgangspunkt einer generellen, idealisierten Reform der Gesellschaft.

3 Ein Doppelporträt zweier Freunde
Höflichkeit statt Kampf, Freundschaft statt Feindschaft zwischen Männern sind neue
Sozialisations- und Kulturideale der europäischen Eliten zur Überwindung der Bür-
gerkriege, in denen sie sich zu vernichten drohten.

Daneben existieren bereits im 17. Jahrhundert in den Städten Europas Sprachorden und patriotische Gesellschaften, die miteinander in engen Kontakt treten, Korrespondenzen unterhalten und ein großes Korpus an Gelegenheitsschrifttum produzieren. Diese urbanen Kommunikationsnetze, die sich über den ganzen Kontinent erstrecken, sind noch wenig erforscht. Festzuhalten bleibt vorerst, daß beide Phänomene, die esoterischen Gesellschaften und die patriotischen Gesellschaften, sich um moralische Kerntugenden und um den Freundschaftsbegriff gründen, welcher vom Zweierverhältnis auf eine Kollektivität erweitert erscheint.

Die Akademien nehmen eine profilierte Funktion ein. Nach dem Vorbild der 1582 in Florenz gegründeten Academia della Crusca werden 1635 die Académie Française, 1660 die Royal Society, 1700 die Preußische Akademie der Wissenschaften gegründet, ergänzt durch eine ganze Reihe von Provinzakademien. Diese Institutionen werden von staatlicher Seite ins Leben gerufen und unterstützt, sie erhalten Patente, aus denen ihre Zielsetzung deutlich genug hervorgeht: Akademien sollen aus der Forschung den größtmöglichen Nutzen für die Gesellschaft und den Staat ziehen. Und mit diesem offiziellen Auftrag werden sie zu Ecksteinen der Aufklärung.

An den Akademien zeigt sich, daß, wenn die Aufklärung ein europäisches Phänomen ist, dieses Europa zugleich eine Erfindung der Aufklärung ist. Genauer gesagt, diese entwickelt bewußt eine über eine rein geographische Definition hinausgehende Konzeption Europas. Mehr noch, es geht hier nicht bloß um einen intellektuellen Entwurf, sondern insbesondere auch um eine weitverzweigte soziale Praxis. Beides fließt zusammen in der Vorstellung und Praxis einer *res publica litteraria*, in der unvoreingenommene Freiheit herrschen müsse.

Pierre Bayle scheint den Begriff eingeführt zu haben: Er ist ein eminenter Verteidiger der Glaubensfreiheit, welche selbst den Atheismus einschließen soll, Kritiker auch reformierter Dogmatik, französischer Flüchtling erst in Genf, dann in Rotterdam, dort von 1684 bis 1687 Herausgeber der »Nouvelles de la république des lettres«. Mitte des folgenden Jahrhunderts greift Voltaire diesen inzwischen zum lebenden Mythos gewordenen Begriff auf: »Unmerklich hat sich in Europa, trotz seiner Kriege und seiner unter-

4 Collège von Navarra
*Die europäischen Eliten übergeben ihre Söhne einer außerfamiliären Sozialisations-
instanz. Das schafft neue Strukturen der Solidarität und Kommunikation, aber auch
der Spannung zwischen ihnen.*

schiedlichen Religionen, eine ›république littéraire‹ eingerichtet.
Alle Wissenschaften und alle Künste haben derart gegenseitige
Unterstützung erhalten. Die Akademien haben diese Republik
ausgebildet.«

Das Gerüst der Akademien wird von einem Geflecht sozialer
Praktiken umrankt. Dazu gehören die Korrespondenzen mit nicht
ansässigen, ausländischen Mitgliedern und Wissenschaftlern; die
Preisfragen, welche die innere Intellektualität der eigenen Gesellschaft ausloten; die Reisen der Akademiemitglieder, aber auch
Vorträge ausländischer Wissenschaftler vor dem akademischen
Publikum; die Veröffentlichung der als wichtig angesehenen
Arbeiten. Nicht zuletzt etabliert sich über die Akademien ein länderübergreifend allgemein anerkannter Stil des Denkens und vor
allem der Präsentation intellektueller Auseinandersetzung. Allerdings ist er noch weit vom Zwang strenger Forschung im Sinne des
19. Jahrhunderts entfernt. Oftmals überwiegt die Liebe zur Kurio-

sität. Geradezu besessen etwa von sexuellen Tabus (Pollution, Masturbation), sucht man Abhilfe in Magnetismus und Elektrizität, ein Gebiet, über das viel geforscht und geschrieben wird.

Wichtiger, geradezu vorbildhaft jedoch ist die akademische Institution der Aufklärung auf ganz anderem Gebiet: dem der Selbstverwaltung.[69] Die Akademien geben sich selbst regelrechte, juristisch ausgearbeitete Verfassungen, legen Regeln und Techniken fest, mit denen die Arbeiten organisiert werden sollen, bestimmen die Art und Weise, in der Mitglieder rekrutiert werden. Das gesamte akademische Arbeiten wird verschriftlicht. Jede Akademie verschafft sich derart selbst ein Gedächtnis, ein Korpus, an welchem sich Geschichte ablesen lassen soll, aber eine Geschichte der Kontinuität des verrechtlichten Binnenraumes der Akademie. Diese Geschichte, zusammen mit dem jeweiligen Ursprungsmythos der Akademiegründung selbst und mit der Satzung, wird fast überall regelmäßig einmal im Jahr vorgelesen und damit in Erinnerung gebracht. Die Akademien tagen öffentlich und hinter geschlossenen Türen, im ersteren Fall werden die gesellschaftlichen Alters- und Rangunterschiede beibehalten, im zweiten wird von ihnen abgesehen. Auch dies ist in den Satzungen geregelt.

Tatsächlich sind Juristen zu etwa einem Drittel in den Akademien des 18. Jahrhunderts präsent. Von der ständischen Zusammensetzung her ergibt sich ein unkohärentes Bild. Adel, Geistlichkeit, Dritter Stand sind vertreten, und zwar je nach Ort unterschiedlich stark. Erst gegen Ende der Aufklärung öffnen sich die Akademien vorsichtig einigen Vertretern der kaufmännischen Bourgeoisie, die nunmehr als gesellschaftlich nützlich anerkannt und in den Kreis der städtischen Notabilität aufgenommen worden ist. Das geht nicht immer ohne Probleme vor sich, wenn die Stadt kein reines Handelszentrum ist, sondern in ihr andere, traditionelle Institutionen, wie etwa oberste Gerichtshöfe, den Ton angeben. Denn in jedem Fall rekrutiert sich das akademische Personal jeweils aus der lokalen oder regionalen Führungsgruppe.

Akademien sind ausdrücklich Beratungsorgane des Prinzen. Der Fürst, so wird argumentiert, sei derart mit dem Regieren, mit der auswärtigen Politik und gegebenenfalls mit dem Kriegsgeschäft beschäftigt, daß er sich nicht auch noch persönlich um den Stand der

Wissenschaften und Künste kümmern könne. Hier findet nun eine Arbeitsteilung statt: Die Akademien konzentrieren das vorhandene gesellschaftliche Wissen und leiten dem Prinzen Vorschläge zum Nutzen der Nation zu. Genau und ausschließlich zu diesem Zweck erhalten sie das Recht, sich hinter verschlossenen Türen standesübergreifend zu versammeln, ein eigenes Corps zu bilden und die ständischen Regelbeziehungen gleichsam kurzzuschließen. Doch eine solche Abstraktion von der bestehenden Gesellschaft ist nur ausgesuchten Männern erlaubt, welche die politische und soziale Ordnung ansonsten rückhaltlos anerkennen. Im Gegenzug für dieses Privileg geben sie das Versprechen ab, die Arbeiten der Kirche und der Regierung nicht zu beeinträchtigen, ja nicht einmal zum Gegenstand der Erörterungen zu machen.

Die Aufgabe der Akademien kann also nicht an beliebige Personen delegiert werden. Die politische, die ständische Loyalität muß gesichert bleiben, und die moralische Integrität der Akademiker über jeden Zweifel erhaben sein. Sie repräsentieren Adel, Besitz, Macht, gesellschaftliche Funktionen, aber sie repräsentieren sie in einem eigenen Raum als neue kulturelle Homogenität. Die Akademie als kulturelle Elite abstrahiert von den jeweiligen Unterschieden des Standes, definiert sich jedoch insofern, als für sie nur die standesgemäße Befreiung von unehrenhafter, vor allem körperlicher Arbeit die Bedingung der Möglichkeit geistiger, kultureller Freiheit sein kann. Bildung wird in diesem Raum zum Code des länderübergreifenden Wiedererkennens eines Gleichen, Ebenbürtigen.

Die Akademien machen zwar einen bemerkenswerten, aber dennoch nur einen Teil einer viel breiteren Assoziationsbewegung aus. Spätestens um die Mitte des 18. Jahrhunderts bestehen mehrere Formen der Soziabilität nebeneinander. Bereits formal sind in Frankreich zu unterscheiden:[70]

– Traditionelle, d. h. vor allem provinzielle Gesellschaften, denen beispielsweise die Organisierung örtlicher und kirchlicher Feste obliegt und die zugleich die Funktion von Hilfskassen auf mutualistischer Grundlage wahrnehmen. Geschichtlich handelt es sich hier um den Wandel bereits bestehender Formen der Organisierung. Integriert werden in organisatorischer Nähe zu Kirche und weltlichen Gemeinden volkstümliche Bewegungen wie vor allem Jungmännerbünde, die den staatlichen und gesellschaftlichen Autoritäten zu mächtig geworden sind. Hierbei kündigen sich soziale und politische Verschiebungen an.

– Moderne Gesellschaften eines neuen, von den traditionellen, volkstümlichen unterschiedenen Typs, die sich nicht auf bestimmte Regionen und Provinzen beschränken, sondern sich von Paris und den wirtschaftlich und politisch wichtigsten Städten Frankreichs aus über das ganze Land verbreiten. Von der sozialen Spitze her (Adel, Finanz- und Handelskapital, Notabilität) ist eine Abwanderungsbewegung von der provinziellen zur spezifisch französischen Soziabilität zu verzeichnen, die über eine zeitweilige Doppelmitgliedschaft vermittelt wird.

Die neue Soziabilität weist ein ganzes Spektrum von Gesellschaftsformen auf. Museen dienen mit aufklärerischen Zielsetzungen als Auffang- und Ersatzorganisationen für Vertreter derjenigen Schichten, die nicht in Akademien aufgenommen werden. Philanthropische Gesellschaften rekrutieren sich im wesentlichen aus denselben Kreisen. Lesezirkel und -klubs dienen der unprätentiösen geselligen Multiplizierung von Zeitungen, Journalen, Pamphleten, Broschüren und Büchern, darunter Enzyklopädien, aber auch unterdrückter (etwa erotischer) Literatur und damit der Verbreitung einer »öffentlichen Meinung«.

Die Geheimgesellschaften nehmen unter diesen modernen Formen der Soziabilität eine Sonderstellung ein.[71] Sie besitzen keine unmittelbar nach außen gerichtete soziale Zwecksetzung, und eine Akkreditierung durch königliche Patente liegt ihnen fern. Es handelt sich zunächst um ein Phänomen der spontanen und virulent anarchischen Assoziation, zeitgenössisch als »Vereinigungs-« oder »Vergesellschaftungswut« umschrieben. Zu Beginn hat die Bewegung kein Zentrum. Die Geheimgesellschaften bilden sich durch eine Art sozialer Kontamination. Riten, Ursprungsmythologien, Musik und Ideologien sind teilweise importiert (aus England, später Nordamerika, aber auch aus Mitteleuropa), unterliegen im Zuge ihrer Adaption jedoch einschneidenden landesspezifischen Abwandlungen und Neuinterpretationen.

Anfangs spielt in die Auseinandersetzungen der Geheimgesellschaften untereinander eine mehrfache Konkurrenz hinein. Es handelt sich einerseits um eine Konkurrenz um die freimaurerischen Patente, die nicht zuletzt einen persönlich-finanziellen Hintergrund hat, in jedem Fall aber die Zentralisierungstendenz verstärkt. Andererseits geht es auch um eine soziale Konkurrenz: Um wirklich als Gleicher unter Gleichen verkehren zu können, bedarf es der Möglichkeit des Umgangs innerhalb derselben Schichten, Klassen, Stände. Doch Fragen des Ritus und der Mythologie werden schließlich von entscheidender Bedeutung für die Auseinandersetzungen jeder Richtung zwischen »wilden« und »akkreditierten« Logen. In beiden Erscheinungsformen ist diese Bewegung potentiell länderübergreifend organisiert.

Die Sonderstellung der Geheimgesellschaften wird schon früh bemerkt. Ihr esoterischer Charakter stellt sie von vornherein in Opposition zu Staat und Kirche. Es handelt sich um Vereinigungen von Männern außerhalb der ständestaatlich vorgegebenen Formen kollektiver Äußerung, wodurch sie sich von der bestehenden Gesellschaft ausschließen. Gleichzeitig steht der prinzipiell deistische Ritus in tatsächlicher Konkurrenz zum Ritus der katholischen Kirche. Die zentrale Funktion eines Geheimnisses innerhalb des Logenlebens läßt dieses aus beiden Perspektiven potentiell als Verschwörung gegen Staat und Kirche erscheinen. Daß sich die Logen ausdrücklich für König, Staat, Gott, Kirche verpflichten und sich bewußt im Rahmen der bestehenden Gesellschaft bewegen wollen, hilft ihnen demgegenüber ebensowenig wie die Mitgliedschaft selbst von eminenten Funktionsträgern des Hofes, der Kirchen, von hohen Verwaltungsbeamten und Militärs.

Parallel hierzu fallen die Logenmitglieder unter den Verdacht der Ausschweifungen, insbesondere aber – wegen des prinzipiellen Ausschlusses von Frauen – unter den ironischen Verdacht der Förderung der »Monosexualität«; dieser letzte Aspekt verweist bereits auf ein konstitutionelles Spannungsfeld zwischen den Geschlechtern, das im Zusammenhang der Soziabilitätsformen berücksichtigt werden muß.

Die Bewegung ist europäisch, und sie ist spektakulär. In den letzten drei Jahrzehnten des französischen Ancien Régime ist in zwei Wellen ein rapides Anwachsen von Geheimgesellschaften zu

5 Die Freimaurer

Die Freimaurer: eine egalitäre kulturelle Republik der Eliten, welche die ständische Gesellschaftsordnung von oben zu reformieren sucht. Das angestrebte gesellschaftliche Ideal wird im Geheimbund vorweggenommen.

verzeichnen (1789: ca. 700 Logen mit bis zu 40 000 Mitgliedern, im Alten Reich etwa ebensoviel), das dem sozialen Druck bestimmter Teile des Bürgertums, aber auch des Handwerks und des Kleinhandels zuzuschreiben ist. Dies muß als Ausdruck des gesellschaftlichen Emanzipationswillens dieser Schichten verstanden werden. Man imitiert das aristokratische Modell der etablierten Freimaurerei, spaltet sie und zwingt sie zum Versuch ihrer Neuorganisierung, welche alte und neue Eliten versöhnen soll; im selben Zuge soll damit auch der soziale Ansturm von unten abgewehrt oder, wo dies nicht gelingt, zumindest kanalisiert und das Konfliktpotential organisatorisch auseinandergezogen werden.

Die Geheimgesellschaften als bevorzugte Organisationsweise neuer Schichten bilden bestimmte Formen der Konfliktaustragung aus. Auf der Ebene der Freimaurerlogen und ihrer vehementen Kämpfe unter- bzw. gegeneinander ist in der zweiten Hälfte des 18. Jahrhunderts eine Art moralischen Klassenkampfs zu registrieren, in dem es darum geht, den gesellschaftlichen Selbstorganisierungswillen zu integrieren. Zugleich werden deutliche Grenzen gesetzt. Als unerträglich wird es 1790 in Leipzig bereits empfunden, daß »Rechtsgelehrte, vom geheimen Minister bis zum Gerichtsdiener, daß viele Fürsten, Grafen und Edelleute incognito mit gegenwärtig wären. Das auffallendste aber war mir, daß in dieser Gesellschaft auch Handwerksleute, Schuster, Schneider, Nagel- und Hufschmiede, ja sogar Schubkarrenführer herumsprangen.« Innerhalb der Freimaurerei selbst wird noch weitergehende Kritik geübt. Die »Grande Loge Provinciale« beschwert sich gegenüber der Pariser Zentrale in einem Brief vom 4. 7. 1786 über eine neugegründete »Loge Parfaite Harmonie de Marseille«: »Die Mitglieder dieser Loge gehören fast alle der Klasse der Handwerker an. Ihr Leiter ist nur Perückenverkäufer. Sein erster Aufseher ist Koch. Die anderen Mitglieder versuchen zwar, ihren wirklichen Gesellschaftsstand zu verbergen, sind aber zumeist Handwerker, Männer des Volkes, die von ihrem Stand her weder die Freimaurerei auszeichnen noch den Fortschritt verbreiten können. [...] Die Arbeiter dieser Loge zeichnen sich weder durch die Reinheit ihrer Sitten noch durch die Sensibilität ihrer Gefühlswelt aus, und es scheint, daß sie alle von der Sittenlosigkeit ihres Standes gezeichnet sind.«[72]

In der zweiten und dritten Wachstumsperiode der Logen zwischen 1760 und 1790 sieht sich die gesellschaftlich abgeschirmte und zentral organisierte klassische Freimaurerei dem massiven Druck dezentraler Neugründungen von Geheimgesellschaften gegenüber, deren Mitglieder aus den bislang ausgeschlossenen Schichten des Bürgertums, des Handwerks und des Kleinhandels stammen. Dagegen revoltieren die traditionellen Freimaurerlogen. Die »Revolution« des »Grand Orient de France« von 1773 will dem Rechnung tragen, indem sie einerseits ein egalitäres, demokratisches und meritokratisches Grundprinzip zentral und ohne Einschaltung bestehender Logen in der Provinz durchsetzen, andererseits die nationale Logenstruktur derart umstrukturieren will, daß der soziale Druck von unten ohne Konflikte mit der Tradition kanalisiert wird.

Die Mitgliedschaft der Logen ist durch die Arbeiten von Daniel Roche hinreichend aufgeschlüsselt.[73] Danach zeigt in der städtischen Provinz die durchschnittliche Verteilung der drei Stände in der Logenmitgliedschaft zunächst ein deutliches Übergewicht des Dritten Standes und hier vor allem der Geschäftsbourgeoisie. Der Kreis aus Handel, Banken und Manufaktur stellt allein 36 %, der des Handwerks und des Kleinhandels 12 % der Logenbrüder, weitere 33 % setzen sich aus nichtadligen Amtsinhabern, Verwaltungsbeamten, Anwälten, Architekten usw. zusammen. Es überrascht nicht, daß in den Handels- und Industriezentren der Anteil der neuen Bourgeoisie bis zu über 70 % liegt.

Doch solche Durchschnittsverteilungen sagen noch zu wenig über die soziale Struktur der Logen selbst aus. Belegt ist zum einen eine durchgängig stärker werdende Selektion, eine Abwehr neuer sozialer Schichten. Orte mit nur einer Loge schließen die Aufnahme von mittleren und Kleinhändern sowie von Handwerkern aus oder lassen nur Minderheiten zu. Dabei bilden allein die Kosten für die Mitgliedschaft häufig eine soziale Barriere. Existieren hingegen mehrere Logen in einer Stadt, bildet sich eine soziale Polarisierung zwischen alten Notablen, neuer Handels- und Industriebourgeoisie, Handwerk und Kleinhandel heraus. Die Vielfalt der örtlichen Ateliers entspricht derjenigen der sozialen Schichtungen. Nur innerhalb desselben sozialen Rekrutierungsbereichs kann das Ideal der Gleichheit und Freiheit sowie der menschlichen Werte organisiert werden. In gemischten Logen erweist sich die traditionelle Sozialstruktur als konfliktgeladenes und sprengendes Moment für die angestrebte innere Harmonie. In vielen größeren Städten und Kreisen setzt sich das Modell einer Tripolarität der Logen durch: Eine Loge öffnet sich ausschließlich für die alte Aristokratie und für die Spitze des Handels, die zweite für Handel und Bourgeoisie mit beschränktem Zugang für den Kleinhandel, die dritte für die sozial homogene Schicht des Kleinhandels, des Handwerks, der unteren Verwaltungshierarchie, kleinerer Angestellter. Faktisch findet somit eine Form sozialer Repräsentation innerhalb der Freimaurerbewegung statt.

Ausgeschlossen bleiben von den Logen in der Regel Lohnarbeiter, Domestiken, Juden und – aus moralischen Vorurteilen – Schauspieler und nicht zuletzt Frauen. Gegen die Aufnahme von Lohnarbeitern und Domestiken wird geltend gemacht, daß sie von ihrem sozialen Status her die innere egalitäre Harmonie der Logen stören müßten, die auf dem Bildungsniveau ihrer Mitglieder beruhe. Derart erhalten soziale Konflikte den Anstrich von Auseinandersetzungen zwischen den Stufen höherer und niederer Lebenskultur und Bildung. Das gilt für Konflikte innerhalb einer einzelnen Loge ebenso wie für Konflikte zwischen mehreren Logen sowie zwischen den Logen und der gesellschaftlichen Außenwelt.

Es ist deutlich, daß die Aufklärungssoziabilität wesentliche Aufgaben innerhalb des Ancien Régime wahrnimmt. Sicherlich weisen manche Momente darüber hinaus, so etwa die eingangs zitierte zumindest habituelle Egalität. Doch ihre Beschränktheit auf Männer ebenso wie ihr elitärer Impetus sind kein bloßes Beiwerk, das beliebig korrigiert werden könnte, um einen gleichsam gereinigten protodemokratischen Gehalt freizulegen. Der gilt nämlich ausschließlich in elitären Teilsynthesen. Der zeitgenössische Gestus scheinbarer Gleichheit ist ein spezifischer Bestandteil bei der Herausbildung einer Elite, und er bleibt nicht nur im aufklärerischen Selbstverständnis ausdrücklich auf diese beschränkt, sondern auch und vor allem in Hinblick auf gesellschaftliche Funktionen.

Diese weisen auf die Immanenz des Ancien Régime zurück: Man will in ihm Inseln sozialer Synthesen bilden, welche die alte Ordnung nicht finden kann, ohne diese aufzulösen; und man will auf diesen Experimentierfeldern soziale Gegensätze versöhnen, deren Elemente im Absolutismus gefördert werden, doch in der korporatistisch gegliederten Gesellschaft einander schroff gegenüberstehen: Staatsmacht, Individualismus, Privilegien, Meritokratie. Die Aufklärungssoziabilität kann jedoch nicht dazu dienen, eine einheitliche Lösung dieser Probleme zu finden. Im Gegenteil, sie zieht die Widersprüche auseinander, indem sie eine Menge sozialer Teilsynthesen zuläßt. Zugleich bietet sie ein Orientierungsmuster neuer gesellschaftlicher Integration an, in die aus individueller Perspektive mit vergleichsweise großer Aussicht auf Erfolg lebensgeschichtliche Arbeit investiert werden kann. Die Integration anthropologischer Elemente verstärkt die Attraktivität dieses Engagements ebensosehr wie sie Energie auf ungefährliche Weise bindet. Die Belohnung für diesen hohen individuellen Kraftaufwand besteht in der Teilhabe an einer neuartigen Form gesellschaftlicher Elitebildung, die zumindest von reformerischen Elementen der Administrationen tatkräftig gefördert wird.

Was hier unter dem europäischen Aspekt der Vergesellschaftung interessiert, ist zum einen das Netz der Soziabilität, zum anderen die Handlungsstruktur des Assoziationswesens. Dabei handelt es sich nicht um eine bloße Widerspiegelung der bestehenden politischen, sozialen und kulturellen Machtverhältnisse, sondern zugleich darüber hinausgehend um die Versuche, auf dem Gebiet der Soziabilität auf lokalem, regionalem und überregionalem Niveau sowohl persönliche und familiäre Karrierestrategien als auch kollektive Gruppeninteressen durchzusetzen. Die Soziabilitätsform ist nicht nur individuelles Austragungsfeld, sondern auch eine Aktionsform, welche in die politischen und sozialen Auseinandersetzungen eingreift. Sie übernimmt Aufgaben der Verfaßtheit von Gesellschaft, die der Staat (noch) nicht übernehmen kann oder will.[74]

In dieser Perspektive ist eine vorgegebene Soziabilitätsform sowohl in ihrer Sozial- wie in ihrer Handlungsstruktur keine Konstante, sondern durchaus variabel, auch wenn die Organisationsform selbst vergleichsweise träge ist. Hinter deren scheinbarer Identität können sich wechselnde Funktionen verbergen. Auf der anderen Seite haben Lokalstudien gezeigt, daß neuere Assoziationsformen wie Club, Zirkel oder Café nach der Französischen Revolution sensibel auf die bestehenden Kräfteverhältnisse reagieren und mit erstaunlicher Leichtigkeit ineinander übergehen können, als ob es sich um verschiedene Aggregatzustände eines kollektiven sozialen und politischen Verhaltens handelt. Dieses, nicht die jeweilige Soziabilitätsform, dauert in einer spezifischen geschlechter- und generationentypischen Verteilung an. Worüber eine Geschichte der Aufklärungssoziabilität und ihrer Fortführung bis ins 19. Jahrhundert hinein uns also Aufschluß geben kann, das sind die sensiblen und zugleich komplexen Prozesse, welche die konfliktreichen Beziehungen zwischen den politischen Systemen und den sozialen Lebensformen des Alltags regeln.

Individuum und Vergesellschaftung

In der Renaissance hat der Rückzug in einen privaten Raum und in ein privates moralisches Ich noch ein aristokratisches Leben zur Voraussetzung und ist Ausdruck der tiefgreifenden Krise der im Bürgerkrieg gespaltenen Eliten Europas. Im Zeitalter der Aufklärung wird dieses Phänomen zu einer regelrechten sozialen Bewegung. Es macht gerade den Erfolg der literarischen Publikationen von Rousseau aus, daß sie ihn als Mensch exponieren, der sich gegen die bestehende Gesellschaft wendet, sich in ihr isoliert, seine Privatheit durch Schreiben bewältigt. Die intime Niederschrift bestärkt, stabilisiert, ja begründet dieses private Individuum. Das vorhandene soziale Leben wird als unerträglich korrumpiert geschildert. Dem setzt Rousseau den Lebensentwurf moralischer Klarheit entgegen, die in jeder Hinsicht mit strenger Schlichtheit korrespondiert. Der Erfolg seiner »Nouvelle Héloise« und des »Emile«, aber auch der geradezu exhibitionistischen Selbstdarstellungen mag als äußerer Beleg dafür gelten, daß sie ein Lebensgefühl der Zeitgenossen ausdrücken. Dem entspricht aber auch, daß die Pose des von der Gesellschaft enttäuschten, von ihr verkannten und mißachteten Menschen geradezu populär werden kann. Sie ist leicht zu imitieren, und die Praxis, ein Tagebuch zu schreiben, überschreitet die sozialen Grenzen, die bis dahin von der kulturellen Elite zur Mittelschicht des Handwerks und des Kleinhandels aufrechterhalten wurde. An den wenigen überlieferten Exemplaren ist erkennbar, wie sehr dieses Schreiben zu einem regelrechten Lebensbedürfnis werden kann. Kränkungen, verletzte und wiederhergestellte Ehre werden ausführlich festgehalten und zeugen von einer extremen Sensibilität, die dem Tränenausbruch ebenso nahe ist wie der privaten Gewaltanwendung. Dieses Individuum, das sich gegen die Gesellschaft setzt und sich selbst zu finden bemüht ist, zeigt sich empfindsam bis zur Selbstzerstörung.

Diese Haltung sucht sich zugleich einen Gegenstand der Beschäftigung, der ihrem gesellschaftsabgewandten Charakter entspricht. Davon werden selbst die aufgeklärtesten Köpfe der Zeit nicht ausgespart. Man findet in dieser Bewegung unvermutet Männer, die scheinbar gar nicht hierhingehören. Das Beispiel des nüchternen Naturwissenschaftlers und rationalen Revolutionärs Georg Forster (1754–1794) ist schlagend. Er ist in seinen Pariser, Kasseler und Wiener Jahren nicht nur aktiver Freimaurer, sondern er arbeitet Anfang der 1780er Jahre in Kassel auch bei den Rosenkreuzern mit.[75] Er sucht dort eine asketische, herausragende Gemeinschaft mit Gott, Einblick in seinen Schöpfungsplan, er sucht den Stein der Weisen, Gold, Phalaja, das Allheilmittel. Zugleich führt er sein freimaurerisches Engagement fort, verficht hohe moralische Ansprüche an die Individuen, plädiert für Selbstverwaltung, für einen guten Staat. Die Phase der alchimistischen Experimente ist jedoch zugleich eine Phase der intellektuellen, der spirituellen Krise. Als bezeichnend kann angesehen werden, daß Forster die Alchimie zugleich mit präziser Naturwissenschaft zu verknüpfen sucht. 1783 schreibt er: »Es ist mir hier ein Schleier vor dem Gesichte, der sich nicht leicht zerteilen läßt, ohne Anleitung. Soviel ist ausgemacht, daß ich mich in Zukunft auf keine weiteren Verpflichtungen einlasse, weil ich sie meiner Ruhe und inneren Zufriedenheit für geführlich halte.« Und: »Mutlosigkeit, Trübsinn und Zweifel haben sich meiner Seele bemeistert; bald kann ich nicht mehr dawider kämpfen!« In derselben Zeit (seit

1780) gibt er mit Lichtenberg zusammen das »Göttingische Magazin der Wissenschaften und Literatur« heraus, in dem er selbst über seine Experimente zur Phlogiston-Theorie berichtet. In der Rückschau erscheint ihm diese Krise des Kopfes, des Intellekts, als eine fürchterlich quälende Erfahrung, von der er anderen Freunden abrät. Dennoch, das Erlebnis ist für ihn in anderer Hinsicht prägend: In der rosenkreuzerischen Gemeinschaft sollen durch magische und spirituelle Experimente die Nähe Gottes, die Harmonie der Freundschaft, das arkadische Ideal einer neuen Vergesellschaftung gesucht und gefunden werden.

Was Forster im kleinsten Kreise erlebt, wird im Mesmerismus zu einer regelrechten Modebewegung.[76] Auch dessen Gegenstand beruht auf einer Unsicherheit, zumindest einer Zweideutigkeit der Naturwissenschaften der Zeit. Es ist aus heutiger Sicht kaum noch nachvollziehbar, daß animalischer Magnetismus als eine ernstzunehmende Variante der Wissenschaft bestehen konnte. Dennoch, in den zeitgenössischen Publikationen wird deutlich, daß man sich an der Vorstellung eines – hypothetischen – Stoffes Phlogiston oder eines Animismus regelrecht ergötzt. Die Experimente, denen man beiwohnen kann, scheinen dieser Vorstellung Plausibilität zu verleihen: Wasser löst sich in Luft auf, der Mensch kann unsichtbare Kräfte wie die Schwerkraft oder den Magnetismus aufheben, er kann fliegen... Solche Erlebnisse mögen wohl eine weitgehende Verunsicherung erklären. Sie gehen jedoch einher mit offener Begeisterung, von den aristokratischen Schichten der Gesellschaft bis in das volkstümliche Verhalten hinein.

Von exakter Naturwissenschaft im heutigen Sinn ist man weit entfernt. Die Imagination aber erlebt einen ungeheuren Schub. Auch Akademien, auch ernsthafte Wissenschaftler sind hiervon beeinflußt. Experimente dienen weniger der Widerlegung oder der Bestätigung von Theorien. Man sieht in der Regel, was man sehen will. Anstandslos wird etwa akzeptiert, daß sich im Samen von Tieren mikroskopisch kleine Tierchen derselben Art finden. Daß viele Experimente nicht nachvollzogen werden können, stört offenbar wenig. Es geht nicht um eine wissenschaftliche Beweisführung, sondern um die Struktur, um die Kontrolle und Beherrschung des imaginären Raumes des späten 18. Jahrhunderts.

Die sollen nicht zuletzt von ihrem Auftrag her gerade die Akademien ausüben, und sie machen von ihrem Recht, Theorien gleichsam offiziell anzuerkennen oder zu verwerfen, regen Gebrauch. Damit üben sie weitreichenden gesellschaftlichen Einfluß aus. Bezeichnend ist nun allerdings, daß der Mesmerismus von der Pariser Akademie zwar zurückgewiesen wird, daß dies aber seinem gesellschaftlichen Erfolg keinerlei Abbruch tut. Im Gegenteil, er erweist sich als stärker denn zuvor. Seine Stärke beruht unter anderem darauf, daß er nunmehr die korrupte Macht der Akademien denunzieren kann, welche lediglich die etablierte Schulmedizin der Zeit unterstützen, die ihrerseits ein soziales Herrschaftsnetz unterhält. Hieran wird bereits deutlich, daß der Mesmerismus in seinem Kampf um die Imagination eine soziale und auch eine politische Dimension besitzt.

Dies wird den in der Bewegung Beteiligten immer deutlicher bewußt, und das macht den zweiten Aspekt ihres Erfolges aus. Die Gesellschaft wird als »krank« empfunden, und da die Schulmedizin ihre Gesundung nicht fördert, sondern unterdrückt, zieht sich der Mesmerismus in sich selbst zurück und konzentriert sich auf die Gesundheit des einzelnen. Der Magnetismus heilt das kranke Individuum durch einen »animalischen« Kontakt mit anderen Personen; diese reinigende Kraft der Natur stellt somit die Grundlage der neuen gesellschaftlichen Beziehung dar. Sie findet zwar im esoterischen Kreis oder im Salon statt, dennoch wird der Mesmerismus zu einer sozialen Bewegung: Von der Gesundung der Individuen durch sozialisierenden natürlichen Magnetismus ist es nur noch ein Schritt zur Utopie einer gesunden Vergesellschaftung. Diese Dimension setzt sich schließlich in der Revolution durch. Mesmeristen werden hier das Programm ebenso zu verwirklichen suchen wie der ehemalige Rosenkreuzer Georg Forster die Utopie des spirituellen Freundeskreises.

Europas kulinarische Kultur

Aus den Berichten europäischer Reisender in andere Länder und andere Kulturen, aber auch aus den entsprechenden Niederschriften fremder Besucher aus anderen Kontinenten in europäischen Ländern wird deutlich, wie sehr das Interesse dem Essen gilt. Und dies gleich in doppelter Hinsicht: zum einen den Elementen, der Komposition und der Zubereitung der Speisen und ihrem Geschmack, zum anderen der Darbietung der Mahlzeiten und der Art und Weise, wie die Gerichte eingenommen werden. Vermerkt werden natürlich in beiderlei Reiseberichten in erster Linie die Unterschiede zur jeweils eigenen Eßkultur. Zu Beginn des 19. Jahrhunderts, so kann aus den zeitgenössischen Quellen rekonstruiert werden, gibt es so etwas wie europäische Essensregeln. Bei Tisch herrscht ein Reglement, ein »kulinarischer Code«. Dies gilt für den Geschmack im engsten Sinne, den der Speisen, ebenso wie für die Ästhetik, das Erscheinungsbild der Mahlzeiten, aber auch für das Verhalten des Essenden.

In der Tat: Der Europäer ißt auf einem Stuhl sitzend, er nimmt sein Mahl vor einem Tisch mit festen Beinen zu sich, der wiederum mit einer oder mehreren Tischdecken versehen ist, und unser Esser verfügt über ein ganzes Set von Instrumenten, um sich die Speisen gesittet zuzuführen: Messer, Gabel, Löffel, Becher oder Glas, Hilfsmittel wie Servietten, Spezialinstrumente für die Vertilgung von Muscheln, Austern, Fischen, Hummern, Krebsen, Schnecken und anderem Getier. Die Zuhilfenahme der Finger ist nur in wenigen Ausnahmefällen gestattet und stellt einen vergnüglichen kleinen Skandal in der Gesittetheit dar, so etwa das Spargelessen. Und auch der Genuß von Meeresfrüchten ist nicht mit neutralisierenden Gerätschaften möglich – ein Hauch barbarischer Gourmandise.

Zum Vergleich: In keiner anderen Zivilisation existiert die Gabel bei Tische, und das Messer wird aus dem Eßraum in die Exklusivität der Küche verbannt, wo in sicherem Abstand von den Essenden die Speisen zerkleinert werden; oder sie werden so gegart, daß sie ohne Messer gegessen werden können. In Europa wird das Messer als Waffe immerhin insofern entschärft, als ihm seine Spitze durch Abrundung genommen wird. Im nichteuropäischen Ausland bedienen sich die Finger ohne Zuhilfenahme weiterer Instrumente der Speisen, von den »Stäbchenkulturen« einmal abgesehen, und die Esser hocken, sitzen oder liegen um die Gerichte herum, welche auf einem Tablett oder auf einer Matte, einem Tuch aufgetragen werden. Aber auch die Zubereitung der Gerichte, ihr Geschmack ist ganz offensichtlich jeweils ein anderer. In den Berichten der ersten asiatischen Reisenden in Europa wird übereinstimmend festgestellt, daß das Essen »sauer« oder »bitter-säuerlich« sei, und zwar sowohl für zubereitetes Fleisch wie für gegartes Gemüse.[77]

An dieser Stelle sind zwei Präzisierungen angebracht, welche von den Reisenden ebenfalls vorgenommen, doch ihrer eigenen Klassenzugehörigkeit wegen nicht unbedingt besonders reflektiert werden: Zum einen sind diese Europäer keine einsamen Esser, sondern sie teilen ihren Tisch mit anderen, mit Angehörigen ihrer Familie (im weitesten Sinne) und mit Gästen. Sie verfügen über ein weit überdurchschnittliches Einkommen und sind Angehörige einer schmalen gesellschaftlichen Schicht über der städtischen und bäuerlichen Bevölkerung, welche weit von dieser Eßkultur entfernt bleibt und deren Sorge auf das tägliche Überleben gerichtet ist.

Küche ist etwas Soziales, und diese gesellschaftliche Dimension wird allzu leicht von der Faszination der Gourmandise verdeckt. Zum anderen ist dieser Prototyp des Europäers bei Tisch, wie er uns zwischen Revolution und Restauration in Gestalt von La Reynière oder Brillat de Savarin entgegentritt, ein geschichtliches Produkt, und zwar ein relativ junges. Einige Historiker haben mit Nachdruck von einer Revolution des Geschmacks und der Eßkultur im 17. und 18. Jahrhundert gesprochen, andere wie Norbert Elias haben die Zivilisierung bei Tisch beschrieben.

Daß unterschiedliche soziale Schichten verschiedene Küchen pflegen, mag zunächst als Banalität erscheinen. Es liegt auf der Hand, daß Besitz und gar Reichtum mit einer kulinarischen Kultur des Überflusses korrespondieren und daß dem auf der anderen Seite eine Küche der Armut, des Mangels, der Überlebensangst entspricht. Und doch fördert der interkulturelle ethnologische Vergleich mehr als diese oberflächlichen Selbstverständlichkeiten zutage: Das kulinarische System erscheint hier als eine eigene Sprache, in welcher die Gesellschaft in kodierten Botschaften über sich selbst Auskunft gibt. Die Küche stellt einen Schnittpunkt von Techniken, sozialen Beziehungen und gesellschaftlichen Vorstellungswelten dar. Es scheint, als sei die Küche nicht nur ein Ausdruck, sondern geradezu eine Funktion der sich herausbildenden bürgerlichen Gesellschaft.[78]

Über die Genese der europäischen Kochkulturen ist wenig überliefert.[79] Erst ab dem Ende des 16. Jahrhunderts findet sich in den Städten und an den Höfen reiches ikonographisches und publizistisches Material zum Thema. In der zweiten Hälfte des 17. Jahrhunderts setzt dann eine regelrechte Welle von Publikationen ein, die sich mit der kulinarischen Kultur beschäftigen. Europäische Haute Cuisine beginnt im Italien der Renaissance. Sie bricht mit der mittelalterlichen Küche, bevorzugt sanftes Kochen, verwendet weniger Fleisch, ergänzt mit Teigwaren und Gemüse. Die Küche bekommt hier einen deutlichen »italienischen« Charakter. Es gibt allerdings kaum Hinweise dafür, daß diese Küche in Frankreich als führend anerkannt worden wäre. Sie bleibt »fremd«, und die Kochbücher halten sich im Rahmen relativ bescheidener Auflagen. Trotz der schmalen Verbreitung scheinen sie aber einen Einfluß auf die Küchen bei Hofe in Europa auszuüben.

Im 16. und 17. Jahrhundert sind Kochbücher in England wesentlich verbreiteter als in Frankreich, wo eher alte, mittelalterliche Sammlungen nachgedruckt werden. Die englische Literatur richtet sich vor allem an die Damen der *gentry*, die durch weitgehende Selbstversorgung unabhängig vom Markt sind: Gute Qualität der Lebensmittel und eigene Zubereitung der Speisen scheinen zum guten Stil eines Hauses zu gehören. Die Autoren der neuen Kochbücher und ihr Publikum selbst sind in der Regel Frauen, obwohl der Herr des Hauses durchaus den Haushalt kontrolliert. Einen Höhepunkt erreicht die englische Publikationswelle im 18. Jahrhundert, zugleich zeichnen sich die Werke durch eine deutliche Ablehnung der ausländischen, insbesondere der französischen Küche aus, vor allem ihrer Coulis und Soßen.

In der zweiten Hälfte des 17. Jahrhunderts kommen verstärkt französische Publikationen auf den Markt.[80] Das Genre selbst ist also nicht neu. Man kann das Phänomen auch damit entdramatisieren, daß man es in den Strom der um dieselbe Zeit anschwellenden publizistischen Öffentlichkeit überhaupt stellt. Dennoch, die Zahlen sind bemerkenswert: Von 1650 bis 1789 gibt es 230 Ausgaben von Kochbüchern, davon erscheinen 75 (33 %) vor 1700. Insgesamt handelt es sich um etwa 300 000 Bände. Davon werden etwa 60 % im 17. Jahrhundert in Paris gedruckt, 87 % sind es bereits im 18. Jahrhundert. Einige davon, so »Le cuisinier français«, werden in die volkstümliche »Bibliothèque bleue« aufgenommen. 1757 kann der Baron von Grimm feststellen: »Wissenschaft und Philosophie haben sich des Kochkessels bemächtigt, die Küche hält Einzug in die Sphären der ›idéologie‹.« Mit anderen Worten, die kulinarische Kultur ist integraler Bestandteil der europäischen Aufklärungsbewegung geworden.

Was ist das für eine kulinarische Kultur, die sich in diesen zunehmend begehrteren Kochbüchern entfaltet? Anders als bei Hofe überläßt der Hausherr die Zubereitung und das Arrangement der Speisen nicht dem Küchenchef und seinen Bediensteten, sondern er greift selbst kontrollierend und regelnd in diesen Prozeß ein, der sich vom Einkauf bis zur Resteverwertung erstreckt. Es ist ausdrücklich der Herr des Hauses, der diese Aufgabe übernimmt, nicht die Dame. Die Küche als besonderer Ort der Speisezubereitung ist zugleich der Schnittpunkt der Kommunikationslinien zwischen den Meldungen vom Markt einerseits und den Räumen der Präsentation der Speisen andererseits. Materielle Kommunikationsträger sind Bedienstete, welche einen eingespielten, arbeitsteilig organisierten Stamm bilden.

Dies unterscheidet sich deutlich von kleineren Haushalten, welche nur über wenig Personal verfügen. Im Extrem reduziert es sich auf eine *bonne*. Im einzelnen Bedarfsfalle können weitere Bedienstete hinzukommen. Hier ist es die Frau, die Trägerin der kulinarischen Kultur wird. Es handelt sich jedoch um eine spätere Erscheinung.

Die publizistischen Werke der Nouvelle Cuisine sind technisch, praktisch, geben sich aber durchaus wissenschaftlich, überlegt, ästhetisch, philosophisch.[81] Zugleich erweisen sie ihre Stärke dadurch, daß sie nicht dogmatisch sein wollen, d. h. auch andere Küchentechniken zulassen. Dennoch, übereinstimmend stellen sie eine Hierarchie bzw. mehrere Hierarchien der Lebensmittel auf, seien es verschiedene Fleisch- und Gemüsesorten oder bestimmte Zubereitungsarten. Andere Küchen verfügen über andere Hierarchien. Was beispielsweise in europäischen Kochbüchern als Abfall eingeordnet wird, ziert die Tafel von chinesischen Hausherren und Notabeln: sauer gedünstete Schweinsohren, kroß fritierte marinierte Hahnenfüße, in Salz und Pfeffer gebratene Entenzungen, Innereien... Überdies werden bestimmte Zubereitungsarten im Westen nicht einmal mehr erwähnt, so das Dampfgaren.

In den Büchern fehlt fast durchgängig jeder Hinweis auf die Leserschaft, an die sie sich wenden. Und doch handelt es sich selbstverständlich um einen sehr kleinen Kreis von potentiellen Leserinnen und Lesern: Sie müssen nicht nur lesen können, sondern überdies über die materiellen Mittel verfügen, eine entsprechende Küche zu unterhalten. Und schließlich müssen sie die Möglichkeit haben, das Essen in einem gewissen Rahmen in Szene zu setzen – jedes Essen soll ja zugleich auch Repräsentation sein: Es gibt – regelmäßig – eingeladene Gäste. Die Tafel ist offen, aber es gibt soziale Filter. Nicht jeder kann eingeladen werden, nicht jeder wird annehmen. Wichtig und darum festzuhalten bleibt aber, daß die kulinarische Kultur sich zu emanzipieren sucht von einer unmittelbaren gesellschaftlichen Hierarchisierung und Abhängigkeit. Schenkt man ihrer Selbstdarstellung Glauben, so ist sie unabhängig. Sie ist es nicht der Sache nach: Um zur Lektüre und von ihr zur Tat zu schreiten, sind Bildung und Geld nötig, und zwar, wenn man die angegebenen Mengen und die Anzahl der Gänge der vorgeschlagenen Menüs betrachtet, in ganz beträchtlichem Ausmaße.

Es handelt sich also um ein vielschichtiges, mehrdeutiges Feld: Geld ist zwar notwendig, reicht aber alleine nicht aus, um eine gepflegte Eßkultur zu unterhalten. Auch ein Küchenmeister hat auf seinen Ruf zu achten, den ein Parvenü, in dessen Dienste er tritt, durchaus ruinieren kann; und zwar insbesondere dann, wenn der Service kultivierter ist als der Herr, der ihn beschäftigt. Das umgekehrte Verhältnis ist nicht möglich: Ohne Geld keine repräsentative Kochkultur, oder genauer: jedenfalls keine, welche sich im eigenen Hause abspielt. Hier öffnet sich ein Zwischenbereich der Gastronomie für Cafés, für Restaurants. Kulinarische Kultur par excellence läßt sich dann für den Einzelfall kaufen, mitsamt dem entsprechenden Arrangement aus Intimität und kontrollierter Öffentlichkeit.

Geschrieben sind diese Bücher von Spezialisten. Sie wenden sich aber nicht nur an Professionelle, sondern verstehen sich auch ausgesprochen volkspädagogisch. Die Tischmanieren und die kulinarische Kultur einer Aristokratie können auch von einer funktionellen Elite erlernt werden. Mehr noch, diese Erscheinung der sozialen Mobilität kann nicht verboten, nicht unterbunden werden. Adelung durch die Kultivierung des Geschmacks erscheint möglich. Gute Manieren, dezentes Verhalten, Höflichkeit, Geschmack sind erlernbar. Sie demonstrieren Respekt vor Hierarchien und zugleich egalitäres Verhalten mit dem Bewußtsein, einer besonderen Sozialität anzugehören.

Die Bücher der »neuen«, der »großen« Küche werden vulgarisiert und finden eine ausgedehnte Verbreitung, auch im Ausland. Sie üben eine Faszination für die intermediären Schichten aus, für ländliche Notabeln, für den Kleinadel. Der Erfolg der *cuisinière bourgeoise* besteht darin, daß sie aristokratische Praxis vereinfacht und sich an Frauen der Mittelschicht richtet. Die unteren Schichten sind von dieser Praxis zunächst ausgeschlossen. Doch auch ihre Ernährungsweise ändert sich. Die aristokratische Küche läßt Essensreste an Händler und Cafébesitzer verkaufen, welche diese wiederum ihrer »fliegenden« Kundschaft vorsetzen. Das ist unwürdig, doch es dient zumindest der sozialen Diffusion der Speisenqualität.

Marin bringt in »Les dons de Comus ou les délices de la table« 1739 die Philosophie auf den Punkt: »Moderne« Küche ist einfacher, unaufwendiger, sauberer, wissenschaftlicher als die alte. Der Koch arbeitet an der Spitze der Wissenschaft als Chemiker, als Künstler, als Maler: Nichts soll dominieren, alles vielmehr in Harmonie sich ergänzen. Er erscheint als Schöpfer, als Erfinder leichter Soßen, Coulis, Fonds, seine Arbeiten sind zugleich raffiniert und einfach, leicht, präzise. Betont organisiert er seine Küche nach den Kriterien der Rationalität, der guten Qualität, des niedrigen Preises, er vermeidet unnötigen Luxus, besteht aber auf der Spitze des Geschmacks. Kurzum, diese Küche gibt sich vollendet logisch.

Die feine und gepflegte Küche tritt natürlich von der Sache, von ihrem Gegenstand her in die öffentliche Luxusdebatte um die Mitte des 18. Jahrhunderts ein. Werden Überfluß und Verschwendung an der aristokratischen Tafel kritisiert, so reagiert diese darauf ganz nach aufklärerischer Art. Denn die »neue Küche« versteht sich als Sphäre der angewandten Chemie, Physiologie, Ernährungswissenschaft, verlangt nach einfachen Produkten bester Qualität, propagiert eine ausgeglichene Nahrung, und dies alles im Dienste der Gesundheit. Derart von ihrer Basis her legitimiert, kann diese »Gastronomie« – der Begriff bürgert sich um die Wende zum 19. Jahrhundert ein – je nach den zur Verfügung stehenden Mitteln »raffiniert« werden.

Wie auf anderen Gebieten, so sollte man auch hier nicht allein nach der inneren Kontinuität der Kochkunst selbst suchen. Sicherlich entwickelt sich so etwas wie eine systematische Logik. Aber diese ist nicht aus sich selbst verständlich. Die Entwicklung der Kochkunst wird auch von sozialen Faktoren getragen. Oder anders ausgedrückt, sie ist Medium des Sozialen, oft ohne sich dessen bewußt zu sein oder sich als solches auszuweisen.

Über das Essen, über die Demonstration von Geschmack kann man zu erkennen geben, daß man einer gesellschaftlichen Elite angehört. Da ein Statusunterschied nicht mehr in der puren Quantität gezeigt werden kann, verlegt man ihn auf das Qualitative. Er zeigt sich in einer Verfeinerung der Sache (Kompliziertheit, Technik, Präsentation), ihrer Seltenheit, einer Kennerschaft des Genusses, die kommunikabel und präsentabel ist. Dies ist persönliche Kultur, die sich von bloßer Prahlerei und schierem Reichtum, von neu und schnell erworbenem Geldbesitz unterscheidet.

Sie hat drei entscheidende Vorteile: Sie setzt stillschweigend einen entsprechenden Geldbesitz voraus, macht ihn aber zugleich in der kulinarischen Kunst selbst zur Nebensache. Wichtig ist nicht der Geldbesitz als solcher, sondern daß er sich mit bestimmten Kulturtechniken verbindet: Neben dem Wissen um Sachen, Techniken, aber auch »Philosophie« ist eine gekonnte, elegante

Manier des Essens notwendig, begleitet von kritischen Kommentaren, die über den reinen Wohllaut des Genusses hinausgehen; zweitens erfordert diese Kultur eine gesellschaftliche Anerkennung als soziale Ratifizierung, was umgekehrt auch heißt, daß man über diese Kultur als Sozialtechnik aufzusteigen vermag, eine soziale Karriere versuchen kann; drittens schließlich ist diese Kultur eingebettet in ganz ähnliche und durchaus benachbarte Formen der Kultur, die eine gleiche Stellung einnehmen. Dazu zählen gerade in Frankreich alle Formen der Soziabilität: von den Akademien in Paris und in der Provinz über gelehrte Gesellschaften und *musées* zu Logen jeder möglichen Art und schließlich den privaten Salons und den öffentlichen Soziabilitätsformen, vor allem den Cafés. Zum überwiegenden Teil sind diese Geselligkeitsformen männlich dominiert. Es verwundert deshalb nicht, daß sich auf einer solchen Grundlage ein Berufsstand etabliert, der ebenfalls von Männern beherrscht wird. Frauen werden in den Bereich der häuslichen Küche verwiesen. Bereits im 19. Jahrhundert belehren sie sich – immer unter Anerkennung des männlichen Primats – selbst und werden ihrerseits zu Propagandistinnen einer sparsamen, aber gesunden Ernährung in den Unterschichten, im bäuerlichen und im proletarischen Bereich.

Die These, daß der Versailler Hof für die Nouvelle Cuisine stilbildend sei und imitiert werde, ist eher fragwürdig. Es scheint dies eine Überzeichnung zu sein, die einerseits aus einer nicht französischen Perspektive herrührt, andererseits dem Glanz Ludwigs XIV. erliegt. Vielmehr ist aus französischer Sicht eine gegenläufige Bewegung zu verzeichnen:[82] Die kulinarische Kultur kommt zum Tragen und steigt auf, als der Höhepunkt des Hofwesens bereits weit überschritten ist. Die Régence und Ludwig XV. stehen für den Niedergang, den Verfall des Versailler Lebens. Der König ist in seiner Autorität geschwächt und muß sich gegen eine ganze Reihe alter, zu neuem Leben erwachter Institutionen behaupten. Umgekehrt ist etwa bemerkenswert, daß es Philippe d'Orléans ist, der sich die kulinarische Kultur selbst aneignet; Liselotte von der Pfalz berichtet stolz darüber. Er reproduziert damit aristokratisches Verhalten: Der Repräsentant der Elite betätigt sich persönlich wie ein Künstler in der Küche. Mit Ludwig XVI. setzt wieder eine Rückkehr zu Ludwig XIV. ein, zumindest, was die Völlerei angeht. Zur Empörung seines Großvaters, Ludwig XV., vertilgt er so viel, daß ihm sogar bei seinem Hochzeitsmahl schlecht wird. Zum Frühstück, vor der Jagd, verspeist er problemlos Huhn, Lamm, Schinken und Eier und trinkt dazu anderthalb Flaschen Wein. Bemerkenswert ist, daß dies von der kulturellen Elite Frankreichs als Rückfall in die Barbarei angesehen wird. Andererseits macht es den Monarchen ausgesprochen volkstümlich und gleicht viel von seinem schlechten Ruf aus, in dem er nicht zuletzt aufgrund seiner angeblichen sexuellen Impotenz steht. Die Küchenkultur verbreitet sich also nicht am Hofe von Versailles, sondern in den Häusern der Aristokratie; genauer noch: in deren städtischen Häusern. Das bezieht sich nicht nur auf Paris, sondern auch auf die anderen großen Städte wie Bordeaux, Lyon, Marseille und Aix-en-Provence. In der zweiten Hälfte des 18. Jahrhunderts sind mehrere, zum Teil widersprüchliche Entwicklungen zu erkennen:

– Dadurch, daß es sich um eine städtische Elite handelt, die nicht durchgängig einen direkten Bezug zum Land besitzt, allerdings aus verschiedenen Regionen stammt, wird eine repräsentative kulinarische Kultur entwickelt, welche die regionalen Kochtendenzen und -schulen zwar in sich aufnehmen, diese aber auch aristokratisch transzendieren kann.

– Die Rückbesinnung auf das Land in und durch die Physiokratie, auch die Abwehr der Künstlichkeit der Gesellschaft, etwa durch Rousseau, werden von der kulinarischen Kultur ohne Schwierigkeiten verkraftet. Man legt Wert darauf, daß das Essen nicht zerkocht ist, daß die Qualität der Lebensmittel gut ist und daß sie frisch sind, daß die Nahrung leicht ist, ernährungswissenschaftlich nach dem neuesten Stand, aber eben auch elegant zubereitet wird. Die emphatische Betonung der kulinarischen Techniken unterstreicht der Sache nach die damit vollzogene Abstraktion von den ländlichen Küchen oder stellt eine künstliche Synthese regionaler Küchen dar.

– Wenn es, wie in England und in Deutschland, im 18. Jahrhundert eine ausdrückliche Ablehnung der französischen Nouvelle Cuisine gibt, so liegt das zum einen daran, daß hierüber eine außen- wie innenpolitische Gegnerschaft ausgedrückt werden kann: gegen ein feindliches Land und gegen einen Kulturimport, der als fremd, künstlich und aufgezwungen empfunden wird. Doch möglich ist der Rückzug auf eine »eigene« Küche nur dadurch, daß sich die Eliten zumindest eine Zeitlang auf eine bereits entwickelte regional verankerte Eßkultur stützen können, so die englische *gentry*, so auch in einigen spanischen Provinzen oder im Rheingebiet und südlich der Mainlinie.

– Die Anonymisierung der Küche, ihre scheinbare Loslösung von der Ständegesellschaft in Restaurant und Hotel, ihre wissenschaftliche Verselbständigung, macht die französische Küche generell für eine Elite akzeptabel, die sich im Umbruch befindet. In Frankreich kann sie mit der Revolution nun das wiederaufnehmen und unterstreichen, was sie zuerst heftigst ablehnen mußte: den Regionalcharakter des Essens. Was zählt, sind bestimmte Techniken und bestimmte Grundsätze der Zubereitung. Zwar stirbt der Hauskoch nicht aus und wird demonstrativ von großen bürgerlichen Häusern engagiert. Aber die kulinarische Kultur kann sich auch ohne diese Institution weit darüber hinaus verbreiten.

– In dem Maße, wie der Gegenstand der außen- und innenpolitischen Opposition im 19. Jahrhundert wegfällt, wird die küchentechnisch abstrakte Nouvelle Cuisine, die in Frankreich am ehesten ausgearbeitet ist, international als Kulturtechnik der europäischen Eliten angeeignet, mit der sie – unter anderem – ihre soziale Differenz auszudrücken vermag. Es wird das hergestellt, was man eine europäische Eßkultur nennen kann, die länderübergreifend von der Elite geteilt wird und von London bis Petersburg reicht. Der Abstand innerhalb des sozialen Gefüges wird dadurch größer als der zwischen den nationalen Eliten.

Üblicherweise wird behauptet, die Französische Revolution habe auch eine Revolution in der Eßkultur nach sich gezogen, indem sie den Adel abgesetzt und damit die Spitzenköche arbeitslos gemacht habe, die aus der Not eine Tugend machten, indem sie Restaurants gründeten. Tatsächlich ist der Vorgang komplizierter.[83] Wohl ist es richtig, daß sich mit der Grande Cuisine eine öffentliche Kochkunst entwickelt, die eine öffentliche Klientel befriedigt, und sich zugleich der Feinschmecker etabliert, welcher für diesen Bereich die öffentliche Meinung herausbildet. Aber bereits in den zwei Jahrzehnten vor der Revolution werden in Paris – im übrigen nach Londoner Vorbild – Restaurants gegründet. Damit beginnen einige Köche, die ansonsten weiterhin bei Aristokraten in Stellung bleiben können, für ein sozial gehobenes Publikum zu arbeiten. Die Grenze zwischen den Beschäftigungsformen ist also fließend. Die Revolution bringt allerdings neue Nachfrage im Restaurationsbereich, da viele Deputierte in Pensionen wohnen. Zugleich gehen durch die Repräsentanten wieder Anstöße aus der »volksnäheren« regionalen Küche in die Pariser Restaurants.

Gleichzeitig gibt sich kulinarische Kultur weniger demonstrativ: Man kauft sich eine Mahlzeit außer Haus, und man hält sich keinen Koch und keinen aufwendigen Hausstand. Gute Küche läßt Luxus und Aristokratie vermuten und ist politisch bedenklich. Zudem ist besseres Essen inzwischen erschwinglich geworden. Nur mit allergrößtem Aufwand brächte man die im Restaurant angebotene Leistung mit einem eigenen Koch zustande. Damit tritt eine Wandlung in dessen Berufsbild ein. Er erscheint selbständiger, selbstbewußter, auch gegenüber seinem Auftraggeber. Ein großer Koch wird als Künstler anerkannt, wie ein Musiker oder Schriftsteller. An der Spitze einer sozialen und zunehmend arbeitsteiligen Hierarchie der Küche wirkt eine Elite von Köchen für ein eigenes Publikum. Eine Konkurrenz um Kundschaft und Einkommen korrespondiert mit der Personalität, der Originalität, der technischen Perfektion und Eleganz der Gerichte. Der Name eines Meisterkochs darf seine Kreationen zieren. Eine kulinarische Kritik stellt schließlich auch in diesem Raum eine öffentliche Meinung her.

Die europäische kulinarische Kultur hat auf vielfältige Weise an der Begründung der bürgerlichen Gesellschaft teil und nimmt sogar bestimmte ihrer historischen Funktionen wahr. Sie kommuniziert komplizenhaft mit den Soziabilitätsformen der »Gesellschaft« – was Zwischenexistenzen ermöglicht –, und sie ist Teil des kulturellen Ausdrucks; sie abstrahiert von Rang und Besitz, unterstellt jedoch beides stillschweigend; sie eint aktiv und passiv eine bestimmte Schar politischer, gesellschaftlicher, kultureller Eliten; sie ist sozial nach unten offen, zieht aber deutlich Grenzen der Aufnahmebereitschaft; sie betont ihre wissenschaftliche, technische und künstlerische Seite – obwohl das Kochen am Herd eine Knochenarbeit ist –, um von regionalen Verhaftungen zu abstrahieren. Sie läßt sich aber, einmal etabliert, durchaus von ländlicher Küche inspirieren, spezialisiert sich jenseits von Standes- und Klassenbeschränkungen zu einem autonomen Raum professioneller Tätigkeit, schafft sich einen eigenen Markt, verfügt über Autoren der Küchenpraxis und über ein zahlendes Publikum der kulinarischen Kultur, das sich zunehmend anonymisiert. Die Literarisierung der neuen Küche und die professionelle kulinarische Kritik im 19. Jahrhundert schließlich bestätigen definitiv einen weiteren autonomen sozialen Raum, der mit anderen derartigen Räumen korrespondiert (Soziabilität, Literatur, Wissenschaft), in dem sich die bürgerliche Gesellschaft als Klassengesellschaft ausdrücken kann, ohne ihn als solche umstandslos zu vereinnahmen.

Widerstände und Lernprozesse (1750 – 1850)

Die bürgerliche Gesellschaft hat sich keineswegs widerspruchslos durchgesetzt. Mehr noch, sie hat Widerstandsformen hervorgebracht, die es vorher nicht gegeben hat. Das Modell der bürgerlichen Gesellschaft kann nur funktionieren, wenn die vergesellschafteten Mitglieder ein bestimmtes mentales Instrumentarium entwickeln und bestimmte Vorstellungsleistungen, insbesondere der Abstraktion, regelmäßig vollziehen, und zwar auf allen zentralen Feldern der Gesellschaft (Ökonomie, Politik, Recht, Verwaltung, Militär). Nun bildet die bürgerliche Gesellschaft zwar eine ganze Reihe von Sozialisationseinrichtungen heraus, in denen dieses mentale Instrumentarium und die damit zu vollziehenden Leistungen geformt und eingeübt werden. Aber reibungslos geht der Transformationsprozeß einer derart komplexen Vorstellungswelt nicht vor sich.

Zum Teil ergeben sich die Probleme bei der Umsetzung des Vergesellschaftungsmodells aus Verständnisschwierigkeiten bezüglich seiner abstrakten Funktionsweise. Das betrifft auch jene Schichten, die als Kaufleute, als Grundeigentümer und industrielle Unternehmer gleich welcher ständischen Herkunft von der neuen Gesellschaftsform eigentlich profitieren sollten. Mißverständnisse ergeben sich insbesondere dadurch, daß man die »Trennung« von Staat und Gesellschaft vernachlässigt und soziale Herrschaft unmittelbar in politische ummünzen will. Fraktionsinteressen der Führungsschichten stoßen dann aufeinander.

Bürgerkriegsähnliche Ausbrüche sind die Folge, so etwa 1830 und 1848/49. Dennoch manifestieren sich Irritationen, Unzufriedenheit, Widerspruch und offene Revolte hauptsächlich in den Schichten, die von der neuen Vergesellschaftung zwar mehr oder weniger rechtliche Freiheit erhalten haben, sachlich aber in nicht weniger lastende Abhängigkeitsverhältnisse geraten sind. Die Kritik dieser Schichten beruht auf der Ablehnung von abstraktem

Recht und Generalisierung des Privateigentums sowie auf der Forderung nach alten, materiellen Rechten, nach konkreter Gleichheit und Freiheit.

Allmählich setzt sich dabei ein doppelter Kompromiß durch. Zum einen werden die politischen Rechte erweitert, indem die Bindung des aktiven und passiven Wahlrechts an Eigentum und Vermögen mehr und mehr fallengelassen wird – allerdings ohne daß substantielle Eingriffe in die staatliche Verfassung der Privateigentumsverhältnisse vorgenommen werden. Zum anderen wird eine neue, spezialisierte »politische Klasse« etabliert, welche die »Trennung« und Vermittlung zwischen Staat und Gesellschaft mittels einer entsprechend funktionalen Bürokratie zu ihrer professionellen Aufgabe macht, ohne damit selbst persönliche oder zeitlich unbegrenzte Herrschaft ausüben zu können.

Soziale und politische Macht

Die Frage der politischen Repräsentation erhält zunächst in den nordamerikanischen Kolonien ein neues Gesicht. Der Schlachtruf »No taxation without representation!« überdeckt, daß es sich bei der amerikanischen Revolution und den dort vertretenen politisch-intellektuellen Positionen nicht um eine neue Einsicht handelt, sondern um eine Erfahrung, die schon seit drei Generationen in der sozialen Praxis akkumuliert worden ist.[84]

In England wird das Parlament von einer lokalen und regionalen Interessenvertretung, die auf lokalem oder regionalem Grundbesitz beruhte, zu einer symbolischen Vergegenständlichung des Staates. Nach den Worten Edmund Burkes soll das Parlament nicht ein Kongreß von Botschaftern verschiedener Regionen, sondern die Versammlung einer Nation, die Vertretung eines allgemeinen nationalen Interesses, nicht der verschiedenen sich bekämpfenden Interessen sein. Die Erfahrungen der amerikanischen Kolonisten gehen jedoch in eine andere Richtung. Zum einen sind diese auf eine starke Eigenverantwortlichkeit und Selbstverwaltung konzentriert. So legt der Mayflower-Vertrag der Pilgrim Fathers 1620 fest: »Mit diesem Pakt treten wir feierlich und einvernehmlich zusammen und schließen uns zu einem Staatskörper zusammen zum Zweck der besseren Ordnung, der Erhaltung und Förderung der obigen Ziele; und in dieser Vollmacht beschließen wir, richten wir ein und setzen fest diejenigen gerechten und gleichen Gesetze, Verordnungen, Erlasse, Verfassungen und Ämter, die zur jeweiligen Zeit für das Gesamtwohl der Kolonie als die Richtigen und Passendsten erscheinen und denen wir allen gehörigen Gehorsam und Achtung geloben.« Tatsächlich bilden sich sehr schnell lokale und regionale Entscheidungsorgane heraus. Interessenvertretung bedeutet in diesen Fällen lokale, teilweise sogar private Interessenvertretung. Von Delegierten wird erwartet, daß sie Bewohner und Grundbesitzer in den Orten sind, als deren Repräsentanten sie gewählt werden.

Von englischer Seite aus wurden die amerikanischen Kolonisten wie die neun Zehntel der britischen Bevölkerung betrachtet, die zwar keine Repräsentanten ins Parlament wählten, von den Abgeordneten aber tatsächlich repräsentiert wurden. Dies wird als »virtuelle Repräsentation« zunächst in Großbritannien auch anerkannt. Im Kontext ihrer akkumulierten Selbstverwaltungspraxis jedoch sehen die Kolonisten in Nordamerika den Sachverhalt anders. Sie unterstreichen, daß bei ihnen die Interessen der Nichtwähler, der Wähler und der Repräsentanten individuell dieselben sind, während es keine vergleichbare Beziehung zwischen den Wählern in Großbritannien und den Bewohnern Neuenglands gäbe. Virtuelle Repräsentation wird von ihnen nunmehr mit virtuellem Gehorsam beantwortet.

Zugleich wird politische Repräsentation weit enger gefaßt, als dies in der englischen Tradition üblich ist: »Jeder Repräsentant im Parlament ist nicht ein Repräsentant für die ganze Nation, sondern nur für den besonderen Ort, für den er gewählt ist. [...] Kein Mitglied des Parlaments kann jemand anderen repräsentieren als diejenigen, von denen er gewählt wurde. [...] Repräsentation erwächst völlig aus der freien Wahl des Volkes.«[85]

Tatsächlich werden in Neuengland die gebundenen Mandate als erprobte Formen der direkten Interessenvertretung verstanden.

Repräsentanten sind somit Bevollmächtigte ihrer Wähler. Diese wiederum besitzen ein unveräußerliches Recht, ihren Repräsentanten verbindliche Anweisungen zu geben. Die Vorstellungen werden sogar dahingehend entwickelt, daß die Repräsentanten sich im Parlament so verhalten sollen, als wären die Wähler selbst versammelt. Die Regierung könne dadurch eine exakte Widerspiegelung des Volkes, seiner Bedürfnisse und seiner Interessen sein, und durch das gebundene Mandat werde die Zustimmung zu einem kontinuierlichen, alltäglichen Prozeß. Die Kolonisten sind sich bewußt, daß diese Position – nach der sie nicht an Gesetze gebunden sind, denen sie nicht entweder selbst oder durch Repräsentanten zugestimmt haben – eine neue, die britische Konstitution, ja die englische Monarchie unterminierende Position ist.

Es kann als typisch angesehen werden, daß im Laufe des 18. Jahrhunderts die öffentliche Diskussion in Neuengland zunehmend von Juristen getragen wird und immer weniger von Vertretern der religiösen Gemeinden. Und es ist wohl ebenso bezeichnend, daß die amerikanische Freimaurerei sowohl in der vor- als auch in der nachrevolutionären Periode prosperiert und vor allem republikanische Juristen und Offiziere organisiert.[86]

Auch in Frankreich entbrennt der Kampf um Definition und Praxis politischer Repräsentation. In den Zeitschriften, Pamphleten und Büchern, die in die Französische Revolution eingreifen, steht diese Frage im Zentrum der Auseinandersetzungen.[87] Die klassischen Argumente für das Repräsentativsystem sind immer dieselben, nämlich daß Arbeitsteilung und Spezialisierung die politische Effektivität erhöhten und daß die Größe des Landes und seiner Bevölkerung wahre, direkte Demokratie unmöglich mache. Zwei Typen von Gegenargumenten werden von der anderen Seite ins Feld geführt. Das erste ist ein pragmatisch-technisches: Dank der modernen Presse und der schnellen Kommunikationsverbindungen im Lande sei es durchaus möglich, dem Volk selbst in der entlegenen Provinz innerhalb weniger Tage Gesetzentwürfe zur Abstimmung vorzulegen. Der Deputierte seinerseits könne auf diese Weise engen Kontakt zu seinen Wählern halten, sie über anstehende Entscheidungen unterrichten und ihre Wünsche direkt in Paris vertreten. Darüber hinaus wird auf die bewährte Praxis der

Handelskammern der großen Städte im Ancien Régime verwiesen, die in Paris bzw. Versailles ständige Delegationen unterhielten, mit denen sie laufend in Verbindung standen. Das zweite Gegenargument ist ein politisch-prinzipielles: Das Volk verliere durch politische Repräsentation seine eben gewonnene Souveränität und gebe sie an eine kleine Gruppe von Männern ab, welche es beherrschten. Jean-Paul Marat (1743–1793) ist einer der heftigsten Verfechter dieser Position, die er immer wieder mit ausgiebigen Zitaten aus Rousseaus »Gesellschaftsvertrag« absichert. Als widersinnig, absurd, ja zynisch bezeichnet er die Auffassung, die Parlamentarier repräsentierten gegenüber dem Volk die Nation, und deshalb hätten die Wähler sich den gewählten Repräsentanten bzw. deren Gesetzen zu fügen. In dieser rechtlichen Abstraktion erblickt er bloß den politischen Trick einer neuen Gruppe von Männern, um politische Macht ausüben zu können. Das Prinzip der abstrakten Vergesellschaftung durch Repräsentation wird in der Revolution aber auch in seinem anderen Element scharf attackiert, nämlich der ökonomischen Form des Privateigentums. Die Bewegung der »Gleichen« um François N. Babeuf (1760–1797) entwickelt hierzu Alternativen der Vergesellschaftung nicht durch abstrakte, sondern materielle Gleichheit des Eigentums und auch der Eigentümer.

Diese Gesellschaftskritik wird sowohl vom utopischen Sozialismus als auch von der europäischen Arbeiterbewegung immer wieder aufgegriffen. Tatsächlich rührt sie an einen wunden Punkt der politischen Praxis des neuen Vergesellschaftungsmodells: Nicht nur werden durch das Zensuswahlsystem die großen Privateigentümer bevorzugt, sondern deren Fraktionen suchen ihre Interessen zudem auch möglichst direkt durchzusetzen. Widersprüche zwischen den konkreten Interessen von Landbesitzern, industriellen Unternehmern, Großkaufleuten, Männern der Hochfinanz, zu denen sich dann auch noch solche des Standes gesellen können, führen eben nicht umstandslos und ohne Schwierigkeiten zu der vom Modell angestrebten Homogenisierung der Gesellschaft, sondern zu teilweise heftigsten politischen Kämpfen bis hin zu Revolutionen und Bürgerkriegen. Die aber hatte man gerade vermeiden wollen.

Das Problem und seine Lösung lassen sich abermals am Beispiel Frankreichs darstellen. Dort führt die 1848er Revolution zu einem jahrelangen politischen Patt zwischen den Fraktionen.[88] Grob verallgemeinert gesagt, stehen sich orleanistische Finanz, legitimistischer Großgrundbesitz, kleinbürgerlicher und linker Republikanismus gegenüber, ohne zu stabilen Mehrheits- und Regierungsverhältnissen finden zu können. Die Etablierung eines plebiszitär legitimierten Kaisertums durch den Staatsstreich des Präsidenten Louis-Napoléon 1851 löst die Situation mit Gewalt. 1870 wird aus Frankreich wieder eine Republik, die – zunächst als Provisorium gedacht – sich als erstaunlich stabil erweisen wird.

Der Staatsstreich und das Zweite Kaiserreich haben gemeinhin eine schlechte Presse gehabt. »Bonapartimus« wurde fast ausschließlich zum Synonym für ein autoritäres politisches Regime, für die Unterdrückung der parlamentarischen Demokratie und die Verselbständigung der Exekutive. »Bonapartismus« erschien sogar als eine historische Vorform des Faschismus.[89] Doch betrachtet man den historischen Bonapartismus an der Macht näher, ergibt sich ein anderes Bild.

Wenn Louis-Napoléon an das Erste Kaiserreich anknüpft, so ist das nicht in erster Linie eine dynastische Frage, sondern ein bewußtes Programm, den Bürgerkrieg zu beenden, die Revolution zu beerben und eine Restauration definitiv auszuschließen. Neu ist, daß die bonapartistische Propaganda sich nicht auf markante Kernsätze beschränkt, sondern die historische Situation der französischen Gesellschaft zu erklären versucht, Möglichkeiten der Problemlösung verspricht und um Überzeugung und Zustimmung im Sinne einer Bewußtwerdung des Problems bemüht ist. Neu ist auch, daß weniger außenpolitische als vielmehr innenpolitische und hier vor allem ökonomische und soziale Erfolge angestrebt werden. Nicht zuletzt wird dies durch das relativ undogmatische, pragmatisch orientierte Denken von Napoléon III. selbst ausgedrückt, der zwar die »alten« Parteien unterdrückt, sich im eigenen Lager jedoch über mangelnden »Bonapartismus« mokiert. Er stützt sich mit bemerkenswerter Konstanz auf eine Gruppe praktisch erfahrener Männer, anfangs durchschnittlich um die 45 Jahre alt, die fachliche Kompetenz aufweisen und sowohl der Groß- als auch der Kleinbourgeoisie entstammen. Die meisten unter ihnen haben ihre politischen Erfahrungen im Umkreise Guizots in der Julimonarchie gemacht, sind liberale und der Kirche nahestehende Orleanisten, während die Legitimisten in der Minderheit sind.

Ökonomisch ist der Kaiser zunächst seinem Programm mit saint-simonistischen Anklängen treu. Im Zuge seiner ökonomischen Erfolge gibt das Regime dann allerdings den Anspruch eines sozialen Programms im Interesse des industriellen Proletariats auf. Aber in den 18 Jahren des Empire – mit Ausnahme der Krisenjahre 1857/58 – wächst die Produktion der Schwerindustrie, die Realeinkommen steigen (und zwar in der Landwirtschaft stärker als in der Industrie), die Ernährung der städtischen und ländlichen Arbeiterschaft verbessert sich, der Analphabetismus sinkt beträchtlich. Das autoritäre Regime, das sich von Anfang an auf Teile der sich konzentrierenden Industrie sowie der alten und einer neuen Finanzaristokratie stützen kann, schafft spektakuläre neue Rahmenbedingungen der Produktion und des Marktes, fördert staatsinterventionistisch die industrielle und zugleich die landwirtschaftliche Produktion – weshalb die Landflucht keine englischen Ausmaße annimmt – sowie die industrielle Kapitalkonzentration. Der liberale Saint-Simonismus läßt neben sich die kleinbäuerliche und handwerkliche Sozialstruktur intakt bestehen. Somit macht das Zweite Kaiserreich ökonomisch einen integralen Teil des französischen Weges zum Kapitalismus aus und zeichnet mit seinen Modernisierungen nachhaltig das Bild des Landes in einem Maße, das auch von der Dritten Republik nicht weggewischt werden kann. Sie knüpft vielmehr daran an.[90]

Noch wichtiger sind in diesem Zusammenhang wahrscheinlich die politischen Konsequenzen des Bonapartismus. Wie dem ersten Napoléon geht es Louis-Napoléon und seiner Bewegung darum, die Revolution und ihre Ergebnisse zu sichern – ein Rückfall soll ebensowenig möglich sein wie ein Bürgerkrieg. Die Volkssouveränität bleibt mit dem allgemeinen Wahlrecht, von dem nur Beamte – und immer noch Frauen – ausgeschlossen sind, Kern des Systems. Der Kreislauf Restauration – Revolution – Restauration, in dem sich die Gesellschaftsklassen bekämpfen, ohne daß eine über die andere siegen könnte, soll vermieden werden. Die Politik soll sich als ein eigenständiger, über den konkreten sozialen Interessenlagen stehender Bereich etablieren und, wo notwendig, im gesellschaftlichen Gesamtinteresse auch mit Gewalt intervenieren können. Der Bonapartismus will keine der alten Parteien vertreten, sondern er versteht sich als über ihnen angesiedelt, als eine Sammlungsbewegung der Mitte in einem spezifischen geschichtlichen transitorischen Modernisierungsprozeß Frankreichs. Die Bilanz dieses Prozesses ist zumindest positiv, insofern er einerseits die sozialen und politischen Gegensätze befriedet und andererseits die dem Wachstumsprozeß innewohnenden ökonomischen Disparitäten zugleich fördert und politisch neutralisiert. Dies gelingt mit Hilfe einer »Politik der optimierten Rahmenbedingungen«.

Wenn sich gegen Ende des Regimes republikanischer Radikalismus und Sozialismus wieder rühren, wenn der Parlamentarismus Zug um Zug eine immer größere Bedeutung gewinnt, wenn eine legitimistische Restauration in der Dritten Republik scheitert und auch die boulangistische Gefahr entschärft wird, dann zeigt sich daran, wie die entstehende politische Klasse aus der Niederlage der Zweiten Republik und aus den Erfolgen des Empire gelernt hat. Zeitgenössisch wird das von liberaler republikanischer Seite so ausgedrückt, daß nach Louis-Napoléon keine Klasse und keine ihrer Fraktionen mehr politisch über die andere herrschen könne. Nachdem im Empire über alle geherrscht worden sei, seien sie nun zum Kompromiß gezwungen. So erscheint die Auflösung des Empire gleichsam als die Erfüllung seines geschichtlichen Auftrages, der von allen politischen Lagern – mit Ausnahme der Legitimisten – als politischer Lernprozeß verstanden wird. Nach der Niederschlagung der Pariser Kommune 1871 findet der republikanische Radikalismus weiterhin zu einem Kompromiß der Mitte mit einem »ideologischen Zement«, der zumindest zeitweise selbst die proletarisch-revolutionären Potentiale bindet.

Derart ist das Empire die erzwungene Entwicklungsschule des Republikanismus.[91] In keiner Zeit hat er mehr über seine Niederlage im Zusammenhang mit dem Bürgerkrieg und der proletarischen Revolution nachgedacht und publiziert als unter Louis-Napoléon, sei es in Frankreich oder im Exil. In diesen zwei Jahrzehnten werden theoretisch und praktisch die Grundlagen einer eigenen, der Dritten Republik gelegt, welche die napoleoni-schen Aufgaben parlamentarisch-demokratisch übernimmt. Nur so ist das Bonmot zu verstehen, nie sei die Republik so süß gewe-sen wie unterm Zweiten Kaiserreich. Deutlich wird diese Erkennt-nis von den Zeitgenossen, insbesondere den neuen radikalen Republikanern wie Jules Ferry oder Emile Ollivier ausgedrückt: Unter dem Zwang des Zweiten Kaiserreiches konnte und mußte der instabile dogmatische Republikanismus der »alten Bärte« von 1848 ebenso überwunden werden wie die Immobilität der libera-len Orleanisten und – noch schwerer – der Legitimisten, und ein neuer sozialer Bürgerkrieg müsse nun durch eine entsprechende Sozialpolitik vermieden werden.

Das Zweite Kaiserreich führt zwangsweise dazu, daß die politi-schen Repräsentanten der französischen Gesellschaft sich ihrer Rolle im Vergesellschaftungsprozeß bewußt werden, zu ihrer historisch-politischen Situierung gegenüber dem Bonapartismus, der diese Selbstbesinnung zynisch geradezu als sein erklärtes Ziel ausweist. Der neue Republikanismus übernimmt das restriktive allgemeine Wahlrecht, die Politik der Sammlung der Mitte, die empirische Wissenschaftlichkeit und den positivistischen Fort-schrittsglauben der Politik sowie den Rousseauismus. Er führt den intendierten, aber gescheiterten Versuch der Integration der Arbei-terschaft ebenso fort wie die vorerst mißlungene politische Befrei-ung der ansonsten sozial durchaus profitierenden Bauernschaft von der Notabelnherrschaft auf dem Lande und die Förderung »neuer Schichten«. Vor allem aber treibt der neue Republikanis-mus die Professionalisierung der Politik weiter voran zur Einrich-tung einer »politischen Klasse«.

Ständische Utopie statt Repräsentation

In den deutschen Gebieten ist es im 18. Jahrhundert mehr als ungewiß, ob es eine deutsche Nation gebe und was Deutschland eigentlich sei.[92] Eine Art stammesübergreifender Patriotismus ist vielleicht der kleinste gemeinsame Nenner »Teutschlands«. Daß es im Reich eine ganze Reihe von Bevölkerungsgruppen gibt, die kulturell und auch sprachlich nicht zu den »deutschen Stämmen« gehören – so etwa Slaven und Juden –, aber dennoch eindeutig integrale Elemente dieses Reiches sind, erschwert Zuordnungen ebenso wie etwa der Sachverhalt, daß Preußen außerhalb der Reichsgrenzen liegt und zudem eine starke polnische Population besitzt. Auch daß brandenburgische Fürsten preußische, sächsische polnische, hannoversche englische Könige stellen, erleichtert eine Definition dessen, was eigentlich deutsch, deutsche Nation und Deutschland sei, nicht gerade. In dieser Situation macht man aus der Not eine regelrechte Tugend. Goethe kann als spezifisch deutsch ausgeben, daß man allen anderen Kulturen gegenüber am offensten sei und nahezu deren Synthese herstelle. Erst relativ spät, vor allem unter dem Eindruck der napoleonischen Kriege, der Auflösung des Reiches und der Niederlage Preußens 1806/07 soll gerade aus diesem Land das Bewußtsein deutscher nationaler Einheit erwachsen. In Anlehnung an die Empfehlungen des antirepublikanischen Alphonse Beauchamps will sich etwa der preußische Reformer vom Stein nicht ans Volk, sondern an die führenden, besitzenden Schichten richten, eine historische Nationaltradition erfinden und festigen, auf den Bestand einer gemeinsamen Kultursprache verweisen und nicht zuletzt eine entsprechende Nationalerziehung aufbauen. Hierzu vergibt vom Stein regelrechte literarische Propagandaaufträge. Einer der erfolgreichsten Adressaten ist der Dichter Ernst Moritz Arndt.[93]

Das fügt sich in eine ganze Reihe von Besonderheiten ein. Die Niederlage Preußens gegen Napoléon I. nimmt den Junkern die Legitimation ihrer politischen Privilegien. Sie hatten sich bislang auf ihre Garantie der militärischen Sicherheit des Landes berufen können. Die Reformer beziehen ihrerseits einen kräftigen Impuls aus der Beobachtung der Französischen Revolution, die eine ganze Gesellschaft aus Ideen heraus neu erschafft. Das ist es, was Hegel als die Morgenröte Europas bezeichnet. Hierbei steht – ebenfalls nach französisch-revolutionärem Vorbild – der Staat als Nation im Zentrum.[94] Staat und Verwaltung ersetzen zwar nicht die bisherige dynastische Politik, doch diese orientiert sich in wesentlichen

Kernpunkten an ihnen. In letzter Konsequenz erscheinen der Monarch und der Adel als Funktionäre des Staates, an die eine ganze Reihe von intellektuellen und moralischen Anforderungen gestellt wird. Der Staat als Nation wird als eine breite administrative Struktur konzipiert, der ein System unabhängiger Kontrollinstanzen und Hierarchien darstellt. Die Verwaltung soll ihr Personal im Prinzip aus allen Klassen der Gesellschaft rekrutieren. Was die Identität zwischen Nation und Staat, ihr umgekehrt eindeutiges Verhältnis konstitutionell bestimmt, ist das Ideal der Staatsbürokratie. Diese Utopie der preußischen Reformer zielt darauf, daß die Verwaltung letztlich die Bedürfnisse und die Strukturen der bestehenden und selbst der zukünftigen Gesellschaft in vollendeter Art und Weise reflektiert, sie sogar antizipiert. Es ist die Staatsnation, welche die Bedürfnisse der Gesellschaft in die Zukunft projiziert. In dieses Modell geht weiterhin das Prinzip der Selbstverwaltung auf lokaler, regionaler und nationaler Ebene und schließlich das der Administration als Ideal der politisch verfaßten Gesellschaft ein. Die Revolution läßt sich in dieser Vorstellungswelt vermeiden, weil sie nicht als notwendig erscheint, wenn die Verwaltung die Bedürfnisse der Gesellschaft in sich aufnimmt und selbst umsetzt.

Konsequenterweise gewinnt in dieser Konzeption politische Repräsentation eine völlig andere Bedeutung als in Frankreich oder England: Die Verwaltung repräsentiert das Volk gegenüber dem König; der Zugang zur Bürokratie steht prinzipiell allen Bürgern aus allen Schichten der Gesellschaft offen. Er wird durch ein System von Prüfungen, Examina, von Karrieren nach meritokratischen Gesichtspunkten geregelt und organisiert. Die bürokratische Utopie besteht in der Annahme, daß das Verhältnis eines Individuums zur Verwaltung letztlich das zu seinen eigenen Interessen ist; die Administration repräsentiert also das Volk, als Nation verteidigt sie seine Interessen. Es liegt auf der Hand, daß eine derart konstituierte Vorstellungswelt von Repräsentation und Nation nicht mit Vorstellungswelten kommunizieren kann, die Nation und Staat anders definieren. Dies wird im Europa des 19. und 20. Jahrhunderts schwerwiegende Folgen für das Verhältnis der Nationalstaaten untereinander haben.

An diesem Schnittpunkt der Optionen setzt das Programm der deutschen Romantik an.[95] Sie knüpft an die Französische Revolution an, indem sie diese um eine immaterielle, um eine geistige Revolution, bezogen auf die gesamte Menschheit, erweitert. Als Techniken hierzu werden Philosophie, Bildung, und zwar Bildung des gesamten Menschen, und Soziabilität als Medium, als »Sauerstoff« gewählt. Nach dem bekannten Muster werden Gruppen, Kreise, Vernetzungen, Korrespondenzen eingesetzt, in deren Zentrum Soziabilität steht. Als Friedrich Schleiermacher 1799 seine »Theorie des geselligen Betragens« publiziert, läßt er sich von der Vorstellung leiten, daß durch die Assoziation ein kognitiver und kreativer Akt stattfindet und sich reproduziert. Die Romantik steht hier ganz in der Tradition der Vorstellungen, die seit dem Spätmittelalter das gesamte politische und soziale Assoziationswesen beherrschen. Neu sind vielleicht gleichermaßen der Frauen- und der Geniekult, die hierbei betrieben werden. Die Betonung der Bildung, die Insistenz auf dem Medium der Literatur, insbesondere des Romans und hier wiederum des Bildungsromans, fügen sich in die bereits aus der Aufklärung heraus entwickelten Traditionen ein.

Der Staat erscheint in seiner Liberalität nicht als eine Institution zur Verteidigung von Rechten und Vermögen, sondern als eine Institution der Bildung, als eine Akademie, vor allen Dingen als eine Akademie der Künste. Er wird imaginiert als eine Familie, als eine große Soziabilität. Derart ist der Staat geradezu der Fluchtpunkt dieser Utopie, die keine Repräsentation benötigt, da jeder Beteiligte direkt schöpferisch tätig ist. Staat und Gesellschaft erscheinen unter dieser spirituellen, geistigen Revolution als eine Einheit. Nach dem Scheitern der militärischen Vereinheitlichung Europas durch Napoléon I., der zugleich seiner Politik eine neodynastische Strategie zu unterlegen suchte, erfindet die Romantik eine neue Psychologie der Völker, die alle auf derselben Rangebene miteinander verkehren. Jedes Volk habe das Recht, eine Nation zu werden. Die Nationen wiederum werden als geschlossene, sich selbst versorgende Kreise definiert. Zusammen sollen sie ein neues Europa bilden.

Immerhin führt die nachnapoleonische Restauration gleichzeitig zu einer Erfindung und Neudefinition der Völker als Nationen und

zu einem national strukturierten Europa, das mit den diploma-
tisch-dynastischen des 18. Jahrhunderts kaum mehr etwas zu tun
hat. Was tatsächlich mit dem Schub der Romantik in ganz Europa
abgelehnt wird, das ist der kalte Rationalismus der Diplomatie,
welcher von den Charaktereigenschaften der Völker abstrahiere.
Diese Kritik trifft nicht nur die französische, die napoleonische
Diplomatie, sondern auch noch die Metternichsche Restaurations-
politik. Was als Antirationalismus der Romantik erscheint, ist in
Wirklichkeit eine Kritik daran, von der Realität der Völker, die
Nationen werden wollten, zu abstrahieren. Dies geht einher mit
der Sozialkritik an den Dynastien, an den besiegten Monarchien
ebenso wie an den Besiegern Napoleons.

Auf dieser Grundlage oszillieren die Vorstellungen eines neuen
Europas um zwei Pole: Zum einen geht es um die Utopie eines
Claude Henri de Saint-Simon und eines Augustin Thierry zur
Rekonstruktion der Gemeinschaft der europäischen Staaten; sie
müsse allen Staaten Europas Verfassungen und Parlamente als
politische Repräsentationsformen geben, um aus ihnen heraus ein
europäisches Parlament mit zwei Kammern und einer europäischen Monarchie zu schaffen. Da Frankreich und England bereits
über parlamentarische Formen verfügten, seien sie die ersten
Staaten, die sich vereinigen könnten, gefolgt von den anderen
Nationen Europas. Dieser Plan situiert sich in der Linie Montesquieu – Saint-Pierre – Rousseau – Kant und wird von nun an der
Bezugspunkt aller europäischen Vereinigungspläne auf suprana-
tionaler Ebene bleiben. Europa ist jetzt offenbar nicht, wie noch in
der Mitte des 18. Jahrhunderts, vornational, sondern nur noch
übernational vorstellbar.[96]

Der andere Pol geht von der europäischen romantischen Bewegung aus. Sie imaginiert ein geschichtlich bereits seit langem
kulturell existierendes Europa und versucht, die Beziehungen zwischen den Volksnationen und diesem Europa zu bestimmen. Hierbei wählen die Romantiker zwei Orientierungsachsen: Zum einen
wird die kulturelle Einheit Asiens, insbesondere Indiens, zum Vorbild eines neuen Europas. Dessen kulturelle Einheit wird als seine
Geistigkeit konzipiert. Im selben Zuge wird eine neue Groß-
religion für Europa imaginiert. Zu ihrer Verwirklichung soll die

Praxis der Soziabilität, der Gemeinschaft, der Bildung, der literarischen Produktion und der Forschung beitragen. Die zweite Orientierungsachse wird im Mittelalter gesucht. Hieraus wird ein intellektuelles, ein geistig vereintes Europa abgeleitet, das durch eine Religion als einer einigen Kirche organisiert ist.

Während die Saint-Simonisten, und zwar auch die deutschen wie Heinrich Heine, an die Notwendigkeit einer Religion glauben und diejenige der Freiheit wählen – analog zum rousseauistischen Projekt einer patriotischen, nationalen Religion –, bleibt die neue europäische Religion der romantischen Bewegung noch für zukünftige Jahrhunderte nach dem revitalisierten Vorbild des europäischen Mittelalters zu konstruieren. Doch auch dessen Utopie wird zunehmend national usurpiert. So verwandelt sich schließlich die Vorstellung des europäischen umstandslos in die eines deutschen Mittelalters.

Moralische Ökonomie

Widerstände gegen die neue europäische, sich aber national gliedernde Vergesellschaftungsform sind besonders dort ausgeprägt, wo sie in überlieferte, scheinbar sichere Lebensformen eingreift und neue Rechtsverhältnisse setzt. Während der Transformationsperiode, in der sich unter dem Vorzeichen der Verallgemeinerung des Privateigentums die Lohnarbeit durchzusetzen beginnt, sind die sozialen und politischen Auseinandersetzungen um die abstrakte Vergesellschaftung besonders ausgeprägt. In Europa geschieht dies nicht überall zur gleichen Zeit, sondern periodisch versetzt und in jeweils unterschiedlichen Formen. England ist zuerst davon betroffen, und es ist zugleich die Schaubühne für diejenigen Länder, welche Kapitalisierung und Industrialisierung noch vor sich haben.[97]

Die frühe englische Arbeiterbewegung hat ihre eigenen Theoretiker, die sich mit dem Modell der Vergesellschaftung durch abstraktes Recht, durch politische Repräsentation und durch Privateigentum auseinandersetzen. Dabei bezieht sie sich auf die einschlägigen Klassiker der Rechtstheorie, die inzwischen durch die Wissenschaft der politischen Ökonomie eine erhebliche Erweiterung und Spezialisierung erfahren hat. Sie beschäftigt sich vor allem mit den Konsequenzen der Privateigentumsbeziehungen, die über eine Lösung der aus den konfessionell-politischen Bürgerkriegen erwachsenen Probleme hinaus eine ganz eigene, unvorhergesehene Dynamik entwickelt haben.

Privateigentum und Lohnarbeit gehören bereits für die frühen Rechtstheoretiker zusammen; nur in ihrer Verbindung ergeben sie überhaupt einen Sinn.[98] So läßt sich schon Thomas Hobbes im »Behemoth« dezent vernehmen, so äußert sich in Frankreich ein Jahrhundert später Linguet: Diese Elemente seien von den Herrschenden mit ökonomischer Berechnung festgesetzte Rechtsnormen, die effektiver und unmenschlicher als das Sklavensystem dessen grundlegende Inhalte fortschreiben. Hierin ist Linguets verblüffende Nähe zu James Stewart unverkennbar: »Indem die Erde als Privateigentum von ihren überflüssigen Mündern gesäubert wurde, wurde der persönliche Zwang durch den der eigenen Bedürfnisse, des Hungers, ersetzt, damit eine Klasse der Gesellschaft von der Mehrarbeit einer anderen leben könne.«

Die historisch-rechtliche Legitimierung des Privateigentums gehört zu den grundlegenden Problemen der Gesellschaftstheorie des späten 18. Jahrhunderts. Adam Smith unterscheidet in »Der Reichtum der Nationen« zwischen einem ursprünglichen Zustand der Gesellschaft, in dem die Arbeitsprodukte ganz den Arbeitern gehören, und dem zeitgenössischen, worin die Privateigentümer von Boden und Kapital sich mit Hilfe der Legislative einen Teil des fremden Arbeitsproduktes aneignen. Der konservative William Paley verteidigt den eingestandenen Widersinn des Privateigentums in dem Universitätsstandardwerk »Moralische und politische Philosophie« 1785 als eine – allerdings paradoxe – Kulturnotwendigkeit. Zur selben Zeit propagiert Thomas Spence eine Gesellschaftsreform durch Aufhebung des privaten Grundeigentums und der darauf gegründeten ungerechten Ansprüche, verkündet William Ogilvie in seinem Essay »On the Right of Property in Land with Respect to its Foundation in the Law of Nature«

1781 ein natürliches Recht auf gleichen Grundbesitz und auf die Aneignung des eigenen Arbeitsproduktes. Der Begründer des libertären Kommunismus, William Godwin, verurteilt in seiner »Inquiry Concerning Political Justice« 1793 den Staat mit seiner gesetzlichen Eigentumsordnung. Er setzt ihm das Bild einer freien und gerechten Gesellschaft entgegen, in der das Privateigentum in der Form des individuellen, agrarisch gedachten Kleinbesitzes durch aus der Konsumtion abgeleitete Gerechtigkeitsprinzipien limitiert und aufgehoben ist. Das Pamphlet »Agrarian Justice«, 1796 von Thomas Paine verfaßt, beschränkt das ursprüngliche Aneignungsrecht auf das bloße Arbeitsprodukt unter Ausschluß des Bodens, der ursprüngliches Gemeineigentum sei. Charles Hall schließt sich dem an und schlägt in »The Effects of Civilisation« 1805 vor, den Boden als Gemeineigentum mit Sondernutzung stets neu zu verteilen, und zwar nach der bei John Locke mit der Erfindung des Geldes nicht mehr verfolgten Maßgabe, daß jeder Mann nur so viel erarbeiten und sich davon rechtmäßig aneignen dürfe, wie für seinen und seiner Familie Unterhalt notwendig sei. Eine regelrechte Fixierung auf Frankreich, aber vor allen Dingen auch auf Nordamerika und die beiden Revolutionen ist in diesen Veröffentlichungen offensichtlich.

In den 20er Jahren des 19. Jahrhunderts erleben diese Autoren eine Renaissance in England. Daß sie mit dem ursprünglichen Aneignungsrecht ein entscheidendes Kriterium für die egalitäre Anwendung der Ricardoschen Arbeitswertlehre weitergeben, steht außer Frage. Alle um den Chartismus herum aktiven Publizisten greifen weit hinter Ricardo auf Locke, Smith und Godwin zurück. In der Anfangsphase der englischen Arbeiterbewegung, selbst noch vor der Gründung von Tauschbanken mit Arbeitsgeld zu Beginn der 1830er Jahre, ist das ursprüngliche oder natürliche Aneigungsrecht ein fester argumentativer Bestandteil der Forderungen. Bereits in der 1824 gegründeten »London Cooperative Society«, dem Mittelpunkt der kooperativen Bewegung, wird wöchentlich zu Diskussionen über Fragen wie der geladen, ob der Arbeiter ein Anrecht auf das ganze Produkt seiner Arbeit besitze und ob das Eigentumsrecht seine Quelle in der Natur oder im Gesellschaftsvertrag habe.

Die Konstitution der »National Union of the Working Classes«, 1831, zur Zeit der Gründung der Tauschbanken mit Arbeitsgeld verfaßt, setzt als Ziel und Zweck der Organisation fest, daß jeder Arbeiter, ungeschmälert durch ungerechte und parteiische Gerichte, den vollen Wert seiner Arbeit erhalten und frei über sein Arbeitsprodukt verfügen solle. Im Organ der National Union, dem »Poor Man's Guardian«, wird der Redakteur James O'Brien, anerkannter Schulmeister der Chartisten, nicht müde, die natürliche, sprich rechtliche Legitimation des Eigentums durch persönliche Arbeit der Aneignung mit Hilfe künstlichen Gesetzeszwangs entgegenzustellen. O'Brien verlangt ein Arbeitspapiergeld für den gerechten Austausch zwischen den Produzenten – eine Forderung, der an vielen Orten Englands schon längst entsprochen wird.

Bereits im Frühling 1830 hat die »British Association for Promoting Co-operative Knowledge« in London einen »Exchange Bazaar« gegründet. Anfang 1832 richtet ein William King in London einen zweiten »Labour Exchange« ein, und im September desselben Jahres folgt Owen mit seinem »National Equitable Labour Exchange«, dessen Leitung im Juli 1833 von der »United Trades' Association« übernommen wird. Owens Zeitschrift »The Crisis« hat im Juni 1832 ausführlich das Projekt einer »Equitable Bank of Exchanges« vorgestellt. Die Assoziation zielt darauf ab, den kapitalistischen *middleman* auszuschalten, der kraft seines Privateigentums und der staatlichen Gesetze zwischen Produktion und Konsumption der Arbeiter stehe: Da der innere Wert eines Artikels Arbeit sei, gebe die Bank im Austausch gegen ihn Noten aus, welche die zu seiner Produktion notwendige Arbeitszeit repräsentieren solle. Sie gelten als Tauschmittel mit konstantem Wert. Als provisorischer Wechselkurs, der noch weitere Differenzierungen erfährt, wird festgesetzt, daß zehn Shilling zwanzig Arbeitsstunden bzw. eine Arbeitsstunde sechs Dimes entsprächen.

Diese praktische egalitäre Anwendung der Ricardoschen Arbeitswertlehre, den Arbeitern das volle Wertprodukt ihrer Arbeit zu sichern, macht rasch Schule. Laufend veröffentlicht »The Crisis« nicht nur Bilanzen und Erfahrungsberichte der Londoner, sondern auch anderer Tauschbanken, die sich in England mit erstaunlichem Erfolg verbreiten. Daß sie Mitte 1834 ihre Arbeit einstellen, kann nicht allein auf wirtschaftliche Schwierigkeiten zurückgeführt werden – die Birminghamer Niederlassung schließt mit einer positiven Bilanz ab, zahlt alle Schulden und überweist den Gewinn dem örtlichen Krankenhaus –, sondern muß im Zusammenhang mit dem starken Rückschlag gesehen werden, den die Bewegung in den Klassenkämpfen dieses Jahres erfährt und der zu ihrer politischen Differenzierung führt.

Zwar ist das Tauschbankprojekt in der englischen Arbeiterbewegung weder einhellig begrüßt worden, noch genießt es in der weiteren Entwicklung eine mit der Begeisterung der ersten Jahre vergleichbare Unterstützung. Die kooperative Bewegung beschränkt sich auf bescheidenere Unternehmungen. Aber auch die kritischen Stimmen, die sich beispielsweise in Leserzuschriften an illegale Zeitungen (zumeist anonym oder unter Pseudonym) zu Wort melden, lehnen die Tauschbanken nicht etwa wegen ihrer theoretischen Begründung aus dem ursprünglichen Aneignungsrecht des Arbeiters ab, sondern setzen in den ökonomischen und politischen Kämpfen lediglich andere Prioritäten. Dieses Recht und die daraus in vielerlei Varianten abgeleiteten praktischen Folgerungen gehören offensichtlich zum ideellen Allgemeingut der englischen Arbeiterbewegung, das unmittelbar einzuleuchten scheint und von ihren gebildeten Wortführern lediglich einen theoretisch fundierten Ausdruck erhält.

Als Beispiele für eine politische Ökonomie der frühen englischen Arbeiterbewegung, die sich mit den Vertretern der klassischen Rechtstheorie und der bürgerlichen politischen Ökonomie auseinandersetzt, können drei Schriften herangezogen werden. Zunächst handelt es sich um eine 1821 anonym erschienene Publikation, »The Source and Remedy of the National Difficulties«, in der systematisch hervorgehoben wird, daß es keine Mehrarbeit (»surplus labour«) gäbe und folglich eine Kapitalakkumulation unmöglich wäre, wenn die Gesamtarbeit eines Landes gerade zum Unterhalt der Bevölkerung ausreiche. Im bestehenden Gesellschaftssystem hingegen erhalte der Kapitalist die Mehrarbeit und der Arbeiter den Teil seiner Arbeit, der zu seinem Lebensunterhalt nötig sei.

Eine ganz ähnliche Überlegung stellt Piercy Ravenstone zu Beginn seiner »Thoughts on the Funding System« (1824) an: Wenn jeder nur für seine eigene Reproduktion arbeiten könnte, gäbe es weder Eigentum noch eine Klasse von Müßiggängern. Beides entsteht erst auf der Basis einer hohen Produktivkraftentwicklung. Das Anwachsen des Eigentums, der Möglichkeit, faule Menschen und unproduktive Industrie zu unterhalten, ist nach Ravenstone dasjenige, was in der politischen Ökonomie Kapital genannt werde.

Der dritte Theoretiker ist Thomas Hodgskin, der Verfasser von »Labour Defended Against the Claims of Capital« (1825) und »Popular Political Economy« (1827). In seiner politischen Ökonomie des Volkes, das heißt insbesondere der arbeitenden Klassen, geht es Hodgskin um die Bestimmung der natürlichen Gesetze der Produktivkraftentwicklung und der Distribution. Er leugnet mit Nachdruck, daß die Natur oder die bloßen Arbeitsinstrumente Reichtum (will heißen: Werte) schaffen könnten. Schon in »Labour Defended« hatte Hodgskin sarkastisch gegen die Behauptung polemisiert, das Kapital sei etwas Erspartes und besitze eine eigene produktive Kraft. In einer solch apologetischen Argumentation sei Kapital nur ein kabbalistisches Wort, so wie Kirche, Staat oder andere allgemeine Begriffe, die von denen erfunden und verwandt würden, welche unter dem Deckmantel dieser Begriffe in die Taschen des Volkes griffen. Für Hodgskin ist Kapital »co-existing labour«, nichts anderes.

Hodgskin führt aus, man müsse immer zwischen einem natürlichen und einem sozialen Preis unterscheiden. Der erste und ursprüngliche sei derjenige, den der Arbeiter im Austausch mit der Natur bezahle, und zwar mit seiner eigenen Arbeit. Der soziale Preis hingegen sei diejenige Menge Arbeit, mit der derselbe Arbeiter dieses Produkt über die Gesellschaft zurückkaufen könne. Dieses System sei, und darauf insistiert Hodgskin, ein gesellschaftliches, ein staatliches Phänomen.

Der Anonymus, Hodgskin und Ravenstone stimmen darin überein, daß sie die bestehende, bürgerliche Gesellschaft als Klassengesellschaft begreifen, in der die arbeitenden Klassen von ihrem Arbeitsprodukt nur den zum Leben notwendigen Teil erhalten, während der überwiegende Teil von den nichtarbeitenden, unproduktiven Klassen angeeignet werde. Die Voraussetzung hierfür sei erstens, daß über die Substanzmittel hinaus überhaupt ein Mehrprodukt durch Mehrarbeit möglich ist, daß also die Produktivkräfte der Arbeit hinreichend wachsen; zweitens, daß bestimmte staatlich fixierte Eigentumsverhältnisse zwischen den Klassen eine Aneignung fremder Mehrarbeit durch die besitzenden und nichtarbeitenden Klassen ermöglichen und garantieren. Hier intervenieren das Recht und die Rechtssicherheit des Privateigentums.

Alle drei Autoren knüpfen zwar insofern an Ricardo an, als sie strikte Arbeitswerttheoretiker sind. Zur Entschlüsselung des Kapitalverhältnisses jedoch greifen sie hinter ihn auf Adam Smith zurück, und zwar nicht allein auf dessen formelle Definition des Kapitals, sondern auch und insbesondere in der Darstellung der Verteilung des gesellschaftlichen Gesamtprodukts zwischen den Klassen. Nach Smith gehört dem Arbeiter unter der Voraussetzung des Privateigentums an Land und Arbeitsinstrumenten »nicht mehr« das ganze Arbeitsprodukt, sondern er muß es mit dem Grundeigentümer und dem Kapitalisten »teilen«. Dieser Vorgang ist gesetzlich legalisiert worden. An diese These knüpfen die drei Autoren an und wenden sie gegen Ricardo. Sie fragen nicht erst, ob und wie der gesellschaftliche Reichtum in Übereinstimmung mit der Arbeitswertlehre verteilt wird, sondern sie setzen mit dieser schon in der Produktionssphäre an. Dann erscheinen Rente und Profit nicht mehr einigermaßen harmlos als Zahlungen an den Grundeigentümer für die natürliche Fruchtbarkeit der Erde und an den Kapitaleigentümer als Risikoentschädigung für die Auslage des Kapitals, sondern vielmehr ihrer Substanz nach als Mehrarbeit der arbeitenden, an den Produktionsbedingungen aber eigentumslosen Klassen.

Bis in die 20er Jahre des 19. Jahrhunderts hinein wird von den Vertretern des ursprünglichen Aneignungsrechts des Arbeiters primär der Grundbesitz angesprochen. Erst Hodgskin legt eine besondere Betonung auf die industrielle Arbeit, wenn er erklärt, daß unter den Bedingungen der fortschreitenden Produktivkräfte und der industriellen Arbeitsteilung kein Arbeiter mehr einen Anspruch auf sein persönliches Arbeitsprodukt geltend machen könne, und deshalb eine gemeinschaftliche Aneignung der Arbeiterklasse vorsieht. Immerhin ist aber auch Hodgskin von einer Dimension fasziniert, die fast ausnahmslos allen ins Auge sticht, die dem Appropriationsgesetz das Wort führen: die Kolonien und insbesondere Nordamerika. Hier gehört der wilde Indianer, der durch das von Gott gegebene, eigentumslose Land streife wie ein Kind Adams oder Noahs und neben Freien und Gleichen sein Wild erlege, fast zum rhetorischen Standard. Schon Locke stellt sich die ganze Welt vor der Einführung des Geldes als ein Amerika vor, ungeachtet der inneren Inkonsequenzen oder zumindest Unklarheiten seiner Theorie. Paine und Hall malen sich aus, wie ein Indianer wohl die englische Gesellschaft sähe, und schließen sich seinen mutmaßlichen verwunderten bis kritischen Beobachtungen an.

Was tatsächlich an Amerika interessiert, ist allerdings für die Sozialkritiker weniger das Leben der Indianer, sondern in weit größerem Maße das der kolonialen Besiedler. Sie können, anders als in Europa, Land vorfinden, das niemandes Privateigentum ist und deshalb nach dem – freilich importierten – ursprünglichen Recht angeeignet werden darf: eine Bewährungsprobe für seine aktuelle praktische Gültigkeit. Für die Kolonialmächte ergibt sich aus diesen Erwartungen verständlicherweise ein nicht unerhebliches politisches und ökonomisches Problem, das, wie gerade das Beispiel Nordamerikas bewiesen hatte, auch auf die Innenpolitik der Mutterländer zurückschlagen kann.

Der englische Diplomat und Kolonialtheoretiker Wakefield äußert sich mehrfach zu dieser Frage in seinen Arbeiten »A View of the Art of Colonization« (1849) mit bemerkenswerter Klarheit.[99] Er erklärt daraus, daß den Ansiedlern in den amerikanischen Kolonien unbegrenzt Land zur Verfügung steht, die Notwendigkeit der Einführung von Zwangsarbeit. Dabei spricht er ihr eine historische Notwendigkeit zu: Ohne sie gebe es keine oder nur eine begrenzte Möglichkeit zur kooperativen und kombinierten Arbeit, die jedoch gerade für die Produktion von Kolonialwaren nötig sei. Unter diesen Bedingungen wird für Wakefield das im übrigen bedauerliche Mittel der Sklaverei durch den guten Zweck gerechtfertigt: produktivere Arbeit, größere Mehrproduktion, Arbeitsteilung und Kapitalakkumulation. Er stellt generell die Alternative auf, daß in Ländern, wo der Grundbesitz sehr billig sei, entweder die gesamte Bevölkerung in einem Zustand der Barbarei lebe, oder einige von ihnen im Zustand der Sklaverei. Mit dieser Auffassung steht Wakefield nicht allein. Der liberale Kolonialpolitiker Herman Merivale belegt in seinen »Lectures on Colonization and Colonies« zwar Beispiele urwüchsig gemeinschaftlicher Siedlerarbeit, etwa durch religiöse Sekten in den Anfängen der Kolonialgeschichte, verweist aber darauf, daß bislang keine Kolonie in größerem Umfang Waren habe produzieren können, ohne Zwangsarbeit anzuwenden.

Nach Wakefields Beobachtung ist die kombinierte freie Arbeit allerdings noch produktiver als die kombinierte Sklavenarbeit, eine geschichtliche Erfahrung, die in den westeuropäischen Staaten zur Milderung oder Aufhebung der persönlichen Abhängigkeitsverhältnisse geführt habe. Aus demselben Grund schlägt er für künftige Besiedlungsvorhaben eine entsprechend rationelle Kolonialpolitik vor: Das Land solle nicht mehr gratis oder äußerst billig von der Regierung an die Einwanderer abgegeben, sondern ihnen ausschließlich zu einem politisch vernünftigen Preis verkauft werden, der weder einen Überfluß an Menschen noch einen Überfluß an Land verursache. Damit solle die Menge verfügbaren Landes begrenzt werden, so daß noch der billigste Grund einen Marktpreis erziele, der die Arbeiter zwinge, eine beträchtliche Zeit für Lohn zu arbeiten, bevor sie selbst Landbesitzer, Grundeigentümer werden könnten. Dies nennt Wakefield den »sufficient price«. Im übrigen fordert er die größte denkbare Freiheit für den Erwerb öffentlichen Landes als Privateigentum. Einschränkungen, die nicht durch für alle gültige Gesetze, sondern durch willkürliche Ausnahmen gegenüber einzelnen Personen oder Personengruppen erfolgten, kämen einer Unterdrückung gleich, wären also sehr ungerecht und zudem politisch unklug. Dementsprechend solle das Gesetz zwar für alle gelten, aber zugleich ausschließlich mit der praktischen Zielsetzung, die Arbeiter für beträchtliche Zeit zur Lohnarbeit zu zwingen, bevor sie überhaupt Grundeigentum erwerben könnten. Im Endeffekt würden damit die bestehenden Eigentums- und Abhängigkeitsverhältnisse zwischen den Klassen, wie sie im Mutterland bestehen, per Gesetzeskraft reproduziert, da die besitzenden Klassen von der Preisschranke auch, aber bei weitem nicht in existentiellem Maße betroffen wären.

Wakefield drückt deutlich das kolonialpolitische Kalkül aus, mit Gesetzeshilfe ausnahmslos die Arbeit universell als Lohnarbeit zu setzen, indem sie vom Eigentum an den Produktionsbedingungen, hier dem Grundeigentum, abgeschnitten wird. In beiden Fällen setzt er Kriterien kapitalistischer Entwicklungs- und Aneignungsverhältnisse an. Ökonomisch stellt sich ihm die implizit zivilrechtliche Alternative, entweder die ursprüngliche Appropriation zuzulassen, nicht aber die ebenso ursprüngliche Gleichheit und Freiheit aller Menschen; oder demgegenüber von vornherein das Recht des Privateigentums zu setzen, einschließlich der Gleichheit und Freiheit der Person, aber in der Form, daß eine Klasse der Gesellschaft von dem Eigentum an den Produktionsbedingungen ausgeschlossen ist. Nur unter dieser Voraussetzung darf nach Wakefield das Recht des Privateigentums bestehen, einschließlich der Legitimation der privaten Aneignung durch die persönliche Arbeit. Oder mit anderen Worten ausgedrückt: Das ursprüngliche Appropriationsrecht soll als allgemeine Bedingung der Produktion nur Gültigkeit besitzen, wenn und indem es gerade nicht allgemein verwirklicht werden kann.

Schluß

Was in den Kapiteln dieses Buches lediglich in Form von Momentaufnahmen geboten werden konnte, waren Aspekte, die Europa über drei Jahrhunderte in wesentlichen, charakteristischen Teilen als bürgerliche Gesellschaft geformt haben. Sie haben die europäischen Nationalstaaten und die USA nach innen weitgehend befriedet und nach außen so weit stabilisiert und gestärkt, daß sie erfolgreich einen weltumspannenden Imperialismus ausüben konnten.

Die politisch-konfessionellen Bürgerkriege der Frühen Neuzeit führen zu einer erheblichen Rechts- und Eigentumsunsicherheit, und das Selbstverständnis der Führungsschichten der feudalen Gesellschaft geht verloren. Die Verhinderung von Bürgerkriegen jeder Art und die Befriedung der Gesellschaft werden fortan zu einer zentralen politischen Aufgabe. Europa erfindet hier einige originelle Formen: Männerfreundschaft als intimes Verhältnis, aber auch als verallgemeinerbare Utopie; politisches und diplomatisches Personal, das sich der Innen- und Außenbeziehungen annimmt; politische Repräsentation, die zum Angelpunkt staatlicher Verfaßtheit der modernen Gesellschaft wird; die Kombination von Geldverhältnissen mit der Generalisierung des Privateigentums als einzigem Eigentumstitel; nicht zuletzt Formen der kulturellen Praxis (Bildung, Schrift, Korrespondenz, Publikation, öffentliche Meinung, Lektüre, Wissenschaft, Akademien, Lesegesellschaften, Freimaurerlogen, Vereine, kulinarisch-gastronomische Technik), über die Synthesen neuer gesellschaftlicher Eliten ausprobiert und bestätigt werden. Das stellt die bestehenden politischen Herrschafts- und die Eigentumsverhältnisse nicht direkt in Frage. Vielmehr sollen Geburt, Titel, Eigentum und Macht gleichsam »natürlich« auf kulturellem Gebiet zur Deckung gebracht, traditionelle Widersprüche unterlaufen und ansonsten hermetische Standes- und Amtsfunktionen sozusagen kurzgeschlossen werden. Hiervon abstrahieren die genannten Kulturtechniken ebenso wie die Rechts- und Geldverhältnisse, aber genau diese Abstraktion macht wiederum ihre wesentliche soziale, entwicklungsfähige Funktion aus.

Eine ganze Reihe von Gemeinsamkeiten springt ins Auge. Um nur drei zu nennen:

– Zweifelsohne stehen Heirat und Ehe weiterhin im Zentrum der Familienstrategien der Eliten, des Adels ebenso wie etwa der Handelsbourgeoisie, der Diplomaten oder des Bildungsbürgertums. Doch jene Kulturtechniken schließen Frauen nicht nur prinzipiell aus, sondern entwickeln sich sogar im Gegensatz zu ihnen. Ausnahmen – Salons, schreibende Frauen, Teilnahme an einigen Vereinen – bestätigen nur die Regel.

– Unter der Voraussetzung der staatlichen Verfaßtheit der Gesellschaft samt der entsprechenden Rechts- und Eigentumsgarantien organisiert diese sich über die beschriebenen Kulturtechniken selbst. Innerhalb des vorgegebenen Rahmens experimentiert sie mit Selbstentwürfen, die schließlich das soziale Gewicht der Aufklärung in Europa ausmachen.

– Zwar existieren Bedeutungs- und Einflußhierarchien beispielsweise zwischen Akademien, wissenschaftlichen Gesellschaften, Logen, innerhalb der Publizistik oder der Korrespondenz. Dennoch organisieren sich diese sozialen Kulturtechniken nicht nach einem zentralistischen Muster, sondern sie lassen sich am besten als oft länderübergreifende Netze beschreiben, in denen jeder Teilnehmer potentielles Zentrum ist. Die dezentrale Struktur zeichnet sich wiederum durch Regeln und Gesetze aus, die allgemein und universell, also ausdrücklich nicht nur für den Einzelfall gelten sollen. Damit wird der »Absolutismus« des modernen Rechtsstaats ausgeglichen und zugleich sein Freiheitsversprechen erfüllt.

Wenn eingangs darauf insistiert wurde, daß der Terminus der bürgerlichen Gesellschaft als *societas civilis* zu verstehen ist, dann kann und soll das natürlich nicht heißen, daß das Bürgertum hier völlig abwesend ist. Im Gegenteil: Es ist mit Nachdruck präsent. Nur erscheint es nicht als eine erobernde, nach ökonomischer und zugleich politischer Macht strebende Bourgeoisie, die als Schicht oder Klasse diese bürgerliche Gesellschaft beherrschte. Dieses Bild ist eine Erfindung des 19. Jahrhunderts, und dort ist es zugleich eine projektive Vorstellung, letztlich eine Extrapolation in die Zukunft. Am Ende ihrer wissenschaftlichen und politischen Karrieren beklagen sich Marx und Engels darüber, daß die Bourgeoisie in praktisch allen Ländern Europas zu schwach, ja zu feige sei, die politische Macht zu erobern, *direkt* politisch zu herrschen. Genau das hat sie in einem langen Lernprozeß vermieden. Umgekehrt macht Max Weber Bismarck zum Vorwurf, dem deutschen Bürgertum die gemeinsame Erfahrungspraxis der politischen Repräsentation verwehrt zu haben.

Die Entwürfe der bürgerlichen Gesellschaft haben natürlich ein Personal, sie werden von Personengruppen, von Schichten getragen, die sozial verankert sind. Sie sind aber weder mit den Kriterien der ständischen Gesellschaft eindeutig und erschöpfend zu beschreiben noch bereits einer eigenständigen neuen Gesellschaftsklasse zuzuordnen. Dieses Problem verschärft sich überdies dadurch, daß innerhalb jener Schicht weiterhin mit den Elementen der ständischen Gesellschaft operiert wird, daß aber die Entwürfe und auch die Praxismodelle der bürgerlichen Gesellschaft nicht mehr in ihr aufgehen können und auch nicht sollen. Hier verdient festgehalten zu werden, daß der Antagonismus zwischen den Ständen eine nachträgliche Erfindung der Französischen Revolution ist, um die eigene Legitimationsgeschichte aus der Projektion eines Ancien Régime übersichtlich zu ordnen, welches in dieser Schlichtheit mit Sicherheit nicht existiert hat. Denn offensichtlich muß die bürgerliche Gesellschaft, einschließlich der bürgerlichen Revolution, nicht notwendigerweise von der Bourgeoisie getragen werden.[100] Es ließe sich sogar die These vertreten, daß erst die Erfindung der bürgerlichen Gesellschaft diese Klasse wesentlich mitkonstituierte. Dann wäre das Bildungsbürgertum durchaus kein »Ersatz« mangels einer wirklichen Bourgeoisie.

Die Entwürfe einer bürgerlichen Gesellschaft stammen zunächst aus der Gruppe der kulturellen, vor allem der akademisch-universitären Elite. Hier verdienen gleich drei Beobachtungen festgehalten zu werden:
– Als gesellschaftlich relevante Aufgabe wird – neben Ökonomie, Gesundheitswesen, Landwirtschaft – im wesentlichen das Problem der Bürgerkriegsvermeidung angesehen.

– Die Lösung des Problems soll derart gestaltet werden, daß der Besitzstand der herrschenden Gruppen gewahrt bleibt, insbesondere derjenigen, als deren kulturelle Repräsentanten sich die »Unsterblichen« verstehen.

– Die Lösung wird weiterhin derart imaginiert, daß die zur Problemlösung beauftragte Schicht sich selbst als Modell der Problemlösung setzt.

Die *société civile* oder *civil society* der klassischen Rechtstheorie zeichnet schließlich nicht nur das virtuelle Bild der Bourgeoisie, sondern zugleich auch der politischen Klasse. Diese ist arbeitsteilig mit der staatlichen Verfassung der Gesellschaft beschäftigt, wie es etwa Sieyès vorschwebt.

In diesem Raum nimmt Intellektualität, verstanden als eine Mentalität, eine wichtige Position, eine soziale Funktion ein. Auch dies ist neu. Zur Vergesellschaftung wird den Gesellschaftsmitgliedern eine generelle Abstraktion zugemutet, und diese Abstraktion wird mit staatlichen Mitteln gewaltsam durchgesetzt. Es geht um die Anerkennung des Geschriebenen, der Geldverhältnisse, der Arbeitsverträge. Hiergegen wiederum begehren Volksbewegungen in allen Ländern auf. Insofern bedeuten die Revolutionen von 1848 und 1849 tatsächlich den Abschluß einer Epoche. Er geht einher mit dem Abschluß der Nationenbildung und der Resignation der Eliten, direkt, unmittelbar politisch herrschen zu wollen.

Es sollte deutlich geworden sein, daß die bürgerliche Gesellschaft sich als eine erstaunlich flexible Kompromißform erweist, die allerdings auch einen historisch präzisen Kontext besitzt. Bereits auf mittlere Sicht bewährten sich im 17. Jahrhundert offenkundig diejenigen Modelle am besten, welche die Probleme der Differenzen zwischen alten und neuen Eliten mit traditionellen und modernen Funktionen, zwischen alten und neuen Eigentums- und Aneignungsformen, zwischen der Gemengelage der Eliten und derjenigen der sozial und ökonomisch Abhängigen in einer zusammenhängenden Form gelöst haben, welche rechtlich abstrahierend und generalisierend, aber zugleich für jeden Einzelfall rationell handhabbar vorgeht.

Zur Durchsetzung des Modells gehört aber auch ein Minimum allgemeiner mentaler Techniken, mit denen nicht nur – oder sogar weniger notwendig – Loyalitäten vermittelt werden sollen, sondern der alltägliche Umgang mit jenen vergesellschaftenden Abstraktionsformen eingeübt werden muß, so der rechnerische Umgang mit Geld und Warenpreisen sowie der rechtliche Umgang mit Eigentumstiteln und Verträgen.

Je leichter sich das unübersichtliche Elitenkonglomerat dazu entschließt, keine Ausgrenzungen und keine Hierarchisierungen innerhalb seiner selbst vorzunehmen, sondern sich gegenseitig in der Eigentümergesellschaft als gleichrangig unter der staatlich richtenden Garantiegewalt anzuerkennen, desto leichter fällt der Abschied von der feudalen Gesellschaft. Innerhalb dieses Rahmens mag auch eine auf alte Titel gegründete Aufgabenteilung etwa in der politischen Repräsentation nicht schaden. Doch je leichter jenes Konglomerat sich von den alten Titeln trennt und reine politische Repräsentation betreibt, desto reibungsloser wird auch diese neue abstrakte Vergesellschaftungsform funktionieren und seine inneren, sachlichen, materiellen Konflikte rechtlich zu lösen in der Lage sein.

In den letzten Jahren hat der Begriff der *civil society* unvermutet eine neue Aktualität erfahren.[101] Insbesondere Bürgerrechtler unter kommunistischer Herrschaft diskutierten viel über die Zivilgesellschaft. Angesprochen ist damit übereinstimmend eine soziale Selbstorganisation unabhängig von den staatlichen und den wirtschaftlichen Strukturen eines Landes. Das hat als oppositionelle Perspektive unter einem autoritären Regime etwas Faszinierendes. Doch für diese Diskussionen sind vielleicht folgende geschichtliche, systematische und auch vergleichende Überlegungen zur Orientierung hilfreich:

– Gesellschaftliche Selbstorganisation erscheint in Krisen der Gesellschaft und arbeitet, wie gezeigt, entweder auf vermittelnde Synthese, auf intermediäre Funktionen oder auf gesellschaftlich notwendige Ausfüllung staatlicher Defizite hin, wobei hier immer überindividuelle, ja selbst über Klassen und Schichten hinausgehende Interessen geltend gemacht werden müssen (das gilt auch noch für die liberalen Arbeitervereine zu Beginn des 19. Jahrhunderts). Oppositionelle gesellschaftliche Selbstorganisationen sind, zumindest innerhalb des europäischen Systems rechtlicher Vergesellschaftung, sehr selten und stellen eine marginale Ausnahme dar. Eher integrieren sie sich, wie nicht zuletzt die Geschichte der europäischen Arbeiterbewegung gezeigt hat.

– Die Generalisierung selbst eines synthetisierenden, vermittelnden Modells innerhalb dieser Versuche gesellschaftlicher Selbstorganisation ist bislang nicht gelungen. Als Ausnahme mag das exzessive deutsche Vereinswesen erscheinen, das im 19. Jahrhundert aufblüht und in Europa seinesgleichen sucht. Doch muß mit Nachdruck darauf hingewiesen werden, daß diese Vereine zu einem nicht geringen Teil Aufgaben wahrnehmen, die eigentlich dem Staat zufallen, der sich aber – aus welchen Gründen auch immer – dazu noch nicht bereit findet.

– Zivilgesellschaft ist schließlich nicht zu verwechseln mit *societas civilis* im klassischen europäischen Modell der Vergesellschaftung. Denn in dieser geht es nicht um einen Gegensatz der Gesellschaft zum Staat, sondern umgekehrt gerade darum, daß die Gesellschaft staatlich verfaßt werden soll, d. h. bestimmter noch, daß er in diese derart eingreifen kann, daß rechtliche Freiheit und Gleichheit der Person Privateigentum und Eigentumsaneignung schützen, regeln und begrenzen.

– Zivilgesellschaft in dem Sinn, daß es sich um eine »private« oppositionelle Vergesellschaftung gegen eine bestehende Staatsstruktur handelte, wäre demgegenüber etwas völlig anderes. Entweder bewegte sie sich in der Normalität eines Staates, der Grenzen der Wirtschaft und der Gesellschaft absteckt und Auswüchse beschneidet, ansonsten aber auf eine Selbstkontrolle durch individuelle, kollektive und institutionelle Moral in einem Maße setzt, die sich etwa auch einen religiösen Eklektizismus erlauben kann; oder jene Zivilgesellschaft wäre prinzipiell antistaatlich, d. h. gegen jede staatliche Verfaßtheit der Gesellschaft, also anarchistisch ausgerichtet.

Der historische Erfolg des europäischen Modells der bürgerlichen Gesellschaft beruht offensichtlich wesentlich darauf, daß die spezifische Problemstellung, welche die konfessionell-politischen Bürgerkriege ab dem 16. Jahrhundert hervorbringen, von den gespaltenen Eliten unter Rückgriff auf ein breites (kirchen-)rechtliches Korpus dahingehend gelöst wird, daß politische Herrschaft nach dem Muster der Repräsentation arbeitet, daß lückenlos alle komplizierten feudalen Formen des Besitzes in die einfachere des Privateigentums und alle Privilegien der Menschen in die Rechte von Privatpersonen überführt, letztlich reduziert werden. In einer besonderen globalen sozialhistorischen Konstellation erweist sich dieses Vorgehen als besonders funktionsfähig und produktiv. Mit dem Abstraktionsgrad dieser Vergesellschaftungsform steigen allerdings auch seine sozialen Kosten, die beispielsweise das mentale Training, die breite Sozialisation aller Schichten jeder Generation aufs neue verursachen. Bislang scheint das Modell extrem flexibel und anpassungsfähig gewesen zu sein. Außerhalb Europas, etwa in Südostasien, wird es bereits in Frage gestellt. Wenn der Westen allerdings selbst nicht mehr bereit oder in der Lage ist, für die Sozialisationskosten seiner bürgerlichen Gesellschaft aufzukommen, wird diese sich einem neuerlichen historischen Transformationsprozeß unterziehen müssen.

Anhang

Anmerkungen

1 Vgl. hierzu ausführlich: Art. »Bürgerliche Gesellschaft« in: Wörterbuch der philosophischen Grundbegriffe, Bd. 1, Darmstadt 1985; Tuschling, Burkhard, Rechtsform und Produktionsverhältnisse, Frankfurt am Main 1976.

2 So die vieldiskutierte These von Furet, François, Penser la Révolution française, Paris 1978, und in: ders./Denis Richet, La Révolution, Paris 1965 (deutsch: Die Französische Revolution, Frankfurt am Main 1968, 1989).

3 Elias, Norbert, Die höfische Gesellschaft. Untersuchungen zur Soziologie des Königtums und der höfischen Aristokratie, Darmstadt 1969; ders., Über den Prozeß der Zivilisation. Soziogenetische und psychogenetische Untersuchungen, 2 Bde., Bern 1969.

4 Art. »Autonomie« in: Wörterbuch der philosophischen Grundbegriffe [wie Anm. 1].

5 Franciscus Burgcardus (= Andreas Erstenberger), De Autonomia, das ist von Freystellung mehrerlay Religion und Glauben, München 1586.

6 Luhmann, Niklas, Gesellschaftsstruktur und Semantik. Studien zur Wissenssoziologie der modernen Gesellschaft, Bd. 1, Frankfurt am Main 1993, Kap. 1 (»Gesellschaftliche Struktur und semantische Tradition«) und Kap. 3 (»Frühneuzeitliche Anthropologie. Theorietechnische Lösungen für ein Evolutionsproblem der Gesellschaft«).

7 So wurde es auch von außereuropäischen Diplomaten wahrgenommen. Li Shuchang, Carnet de notes sur l'Occident, Paris 1988; Analyse des gesamten Quellenkorpus bei: Feng Chen, »La découverte de l'Occident: Anthropologie culturelle de l'Europe occidentale par les premiers diplomates chinois (1866–1894)«, Ecole des Hautes Etudes en Sciences Sociales, Paris 1993.

8 Immer noch die beste, weil systematisch differenzierte Übersicht bei: Endruweit, Günter, Elitebegriffe in den Sozialwissenschaften, in: Zeitschrift für Politik 26 (1976), S. 30–46.

9 Vgl. Zeeden, Ernst Walter, Hegemonialkriege und Glaubenskämpfe 1556–1648, Frankfurt am Main 1992, S. 16–69, S. 151–176, S. 286–307; Clark, Peter (Hg.), The European Crisis in the 1590s, London 1985; Richard, Heinrich, Konfessionalisierung im 16. Jahrhundert, München 1991; für das Reich: Ritter, Gerhard, Die Ausprägung deutscher und westeuropäischer Geistesart im konfessionellen Zeitalter, in: Historische Zeitschrift 149 (1934), S. 240–252; Schilling, Heinz, Aufbruch und Krise.

Deutschland 1517–1648, Berlin 1988; ders., Konfessionalisierung und Formierung eines internationalen Systems während der Frühen Neuzeit, in: Archiv für Reformationsgeschichte 1993, S. 591–613.

10 Vgl. Jouanna, Arlette, La genèse des élites modernes ou les chemins de la distinction, in: Chaussinand-Nogaret, Guy (Hg.), Histoire des élites en France du XVIe au XXe siècle, Paris 1991, insbesondere S. 79–83.

11 Meyer, Jean, La France moderne de 1515 à 1789, Paris 1985, S. 158–253. (Deutsch: Geschichte Frankreichs, Bd. 3: Frankreich im Zeitalter des Absolutismus 1515–1789, Stuttgart 1990.)

12 Beste systematische Darstellung nunmehr bei Descimon, Robert/Guéry Alain, Modernité: les contradictions motrices, in: Burguière, André/Revel, Jacques (Hg.), Histoire de la France. L'Etat et les pouvoirs, Paris 1989, S. 183–348.

13 Bély, Lucien, Les relations internationales en Europe, XVIIe–XVIIIe siècles, Paris 1992, S. 382–414; Solnon, Jean-François, La Cour de France, Paris 1987, p. 421–428; Bérenger, Jean/Meyer, Jean, La France dans le monde au XVIIIe siècle, Paris 1993, S. 13–77.

14 Vgl. Zeeden, Hegemonialkriege [wie Anm. 1] und Barnavie, Elie, La liberté. L'invention de la tolérance religieuse, in: Compagnon, Antoine/Seebacher, Jacques (Hg.), L'esprit de l'Europe, Bd. 2, Paris 1993, S. 86–95.

15 The Western heritage, Bd. II, New York 1991, Kap. 13, S. 465–478.

16 Cottret, Bernard, Cromwell, Paris 1992.

17 Wester, J. R., Monarchy and Revolution. The English State in the 1680s, London 1972.

18 Hobbes, Thomas, Behemoth, or the Long Parliament, Oxford 1969, mit einer exzellenten Analyse von M. M. Goldsmith, S. V–XIV.

19 Locke, John, Second treatise of government, in: ders., Two treatises of government. A critical edition with an introduction and apparatus criticus by Peter Laslett, Cambridge 1967.

20 The Western heritage [wie Anm. 15], Kap. 16, S. 554–585.

21 Zu dieser Dimension vor allem: Pouilloux, Jean-Yves, Montaigne, Paris 1991, S. 23, S. 34–37.

22 La Boétie, Etienne de, Über die freiwillige Knechtschaft des Menschen, Frankfurt am Main 1968.

23 Montesquieu, Charles-Louis de Secondat de, Pensées. Le spicilège, Paris 1991, S. 279, 345, 346, 389.

24 Marguerite de Navarre, Heptaméron, Paris 1982, S. 544.

25 Febvre, Lucien, Amour sacré, amour profane. Autour de l'Heptaméron, Paris 1944, S. 240–370 (N. B.: Historiographisch immer noch hochaktuell ist Febvres »Poser la question«, S. 7–18); vgl. Solé, Jacques, L'amour en occident à l'époque moderne, Paris 1984, sowie Flandrin, Jean-Louis, Le sexe et l'Occident. Evolution des attitudes et des comportements, Paris 1981.

26 Vgl. im folgenden: Aymard, Maurice, Freundschaft und Geselligkeit, in:

Ariès, Philippe/Chartier, Roger (Hg.), Geschichte des privaten Lebens, Bd. 3: Von der Renaissance zur Aufklärung, Frankfurt am Main 1991, S. 451–496.

27 Aretin, Otmar Freiherr von, Das Reich. Friedensordnung und europäisches Gleichgewicht 1648–1806, Stuttgart 1986; ders., Das Alte Reich 1648–1806, Bd. 1, Stuttgart 1993.

28 Hierzu werden einerseits regelrechte Familienverträge geschlossen; andererseits erlangte die Frage der Differenz zwischen tatsächlichen Rechtsansprüchen, Familieninteressen und Landesinteressen im 16. Jahrhundert den Rang öffentlichen Interesses; die Nachfolgefrage wird derart zur »loi fondamentale de l'Etat«. Loyseau, Charles, Traité des seigneuries, Paris 1608, nach: Burguière/Revel, Histoire de la France [wie Anm. 12], S. 209.

29 Schilling Heinz, Höfe und Allianzen. Deutschland 1648–1763, Berlin 1989, S. 107–112.

30 Malettke, Klaus, Altes Reich und Reichsverfassung in französischen Traktaten des 17. Jahrhunderts, in: Duchhardt, Heinz/Schmitt, Eberhard (Hg.), Deutschland und Frankreich in der frühen Neuzeit. Festschrift für Hermann Weber zum 65. Geburtstag, München 1987, S. 221–258.

31 Kaeber, Ernst, Die Idee des europäischen Gleichgewichts in der publizistischen Literatur bis zur Mitte des 19. Jahrhunderts, Hildesheim 1971 (Berlin 1907); Vietsch, Bernhard von, Das europäische Gleichgewicht, politische Idee und staatsmännisches Handeln, o. J. (1942); Duchhardt, Heinz (Hg.), In Europas Mitte. Deutschland und seine Nachbarn, Bonn 1988; ders., Gleichgewicht der Kräfte, Convenance, Europäisches Konzert. Friedenskongresse und Friedensschlüsse vom Zeitalter Ludwig XIV. bis zum Wiener Kongreß, Darmstadt 1976.

32 Zum Pactum mutuae successionis von 1703 vgl. Erbe, Michael, Deutsche Geschichte 1713–1790, Stuttgart 1985, S. 117–122.

33 Aretin, Das Reich [wie Anm. 27], S. 434–448.

34 Vgl. im folgenden Fenske, Hans, Art. »Gleichgewicht«, in: Geschichtliche Grundbegriffe, Bd. 3, Stuttgart 1972.

35 Schrader, Fred E., Art. »Représentation politique«, in: Lüsebrink, Hans-Jürgen/Reichardt, Rolf (Hg.), Handbuch politisch-sozialer Grundbegriffe in Frankreich 1680–1820, Heft 1/2, München 1985 ff.

36 Mably, Gabriel Bonnot de, De l'étude de l'histoire, Paris 1988, S. 129–144.

37 Rousseau, Jean-Jacques, Ecrits sur l'Abbé de Saint-Pierre, in: ders., Œuvres complètes, Bd. III, Paris 1964, S. 561–682.

38 Vgl. im folgenden: Jacob, Christian, L'emoi des cartes. Approche théorique de la cartographie à l'histoire, Paris 1992; Foucher, Michel, L'invention des frontières, Paris 1986.

39 So Febvre, Lucien, Pour une histoire à part entière, Paris 1962, S. 19.

40 Im einzelnen dargelegt bei Reichardt, Rolf, Einleitung, in: Handbuch politisch-sozialer Grundbegriffe [wie Anm. 35], S. 39–148.

41 Vgl. Gernet, Jacques, L'intelligence de la Chine. Le social et le mental, Paris 1994, S. 31–44.

42 Bourdieu, Pierre, Stratégies de reproduction et modes de domination, in: Bulletin d'information de la Mission historique française en Allemagne 26/27 (Juni/Dezember 1993), S. 125–141.

43 Constant, Jean-Marie, Absolutisme et modernité, in: Chaussinand-Nogaret (Hg.), Histoire des élites [wie Anm. 10], S. 145–216.

44 Vgl. die eingehendere rechtstheoretische Analyse Hobbes', Lockes und Rousseaus bei Tuschling, Burkhard, Habermas – Die »offene« und die »abstrakte« Gesellschaft, Berlin 1978, 2. Teil; allerdings wird im folgenden eine andere sozialgeschichtliche Fragestellung entwickelt als bei Tuschling, Rechtsreform [wie Anm. 1], S. 55 f. und passim; hierzu in wirtschaftsgeschichtlicher Perspektive: Root, Hilton L., La construction de l'Etat moderne en Europe. La France et l'Angleterre, Paris 1994, S. 311–344, insb. S. 320 ff. über den Erfolg des »abstrakteren« englischen Modells.

45 Hobbes, Thomas, Leviathan, (1651), Kap. XVIII, Harmondsworth 1968, S. 228–239.

46 Locke, Second treatise of government [wie Anm. 19].

47 Rousseau, Jean-Jacques, Du Contrat Social, in: Œuvres complètes, Bd. III [wie Anm. 37], S. 349–470.

48 Mathiez, Albert, Les philosophes et la séparation de l'Eglise et de l'Etat, in: ders., La Révolution et l'Eglise, Paris 1910, Kapitel 1.

49 Vgl. die entsprechenden Verfassungsentwürfe Rousseaus in: Œuvres complètes, Bd. III [wie Anm. 37], S. 901–1041.

50 Locke, Second treatise of government [wie Anm. 19]; außerdem ist zu berücksichtigen, daß durch die Religionskriege in praktisch jedem Land Europas innerhalb der Eliten nicht unerhebliche Besitzumverteilungen durch Ent- und Aneignung vorgenommen worden sind, vgl. Constant, Jean-Marie, La propriété et la constitution des fermes sur les censives en Beauce au XVIe et XVIIe siècles, in: Revue historique 506 (1973); ders., Noblesse anglaise et noblesse française: histoire comparative, in: Bulletin de la Société d'Histoire Moderne (1987).

51 Die Rechtstheoretiker des 16., 17. und 18. Jahrhunderts können sich dabei auf ein immenses Korpus der europäischen Rechts- und vor allem Kirchenrechtstradition beziehen. Allerdings findet hier offensichtlich ein komplizierter Selektionsprozeß derjenigen Elemente statt, welche zum Modell der *civil society* zusammengefügt werden. Vgl. – vor allem in seiner Warnung vor sozialgeschichtlich unzulässigen reduzierenden Zuordnungen in der Folge von Karl Marx oder Max Weber – Berman, Harold J., Law and Revolution. The Formation of the Western Legal Tradition, Cambridge (Mass.) 1983, S. 520–558. (Deutsch: Recht und Revolution. Die Bildung der westlichen Rechtstradition, Frankfurt am Main 1991.)

52 Reichardt, Einleitung [wie Anm. 40]:

53 Luhmann, Niklas, Gesellschaftliche Struktur und Semantik [wie Anm. 6], S. 48 ff.

54 Vgl. im folgenden Art. »Repräsentation« in: Geschichtliche Grundbegriffe, sowie Art. »Repräsentation« in: Wörterbuch der philosophischen Grundbegriffe; Hofmann, Hasso, Repräsentation. Studien zur Wort- und Begriffsgeschichte von der Antike bis ins 19. Jahrhundert, Berlin 1974.

55 Zwei ältere Publikationen zum Thema sind immer noch unübertroffen: Darquennes, A., De Juridische Structuur van de Kerk volgens Sint Thomas van Aquino, Leuwen 1949; Roels, Jean, Le concept de représentation politique au dix-huitième siècle français, Leuwen 1969.

56 Godechot, Jacques, Aux origines du régime représentatif: des Conseils politiques languedociens aux conseils municipaux de l'époque révolutionnaire, in: Hinrichs, Ernst/Schmitt, Eberhard/Vierhaus, Rudolf, Vom Ancien Régime zur Französischen Revolution. Forschungen und Perspektiven, Göttingen 1978, S. 11–23.

57 Koselleck, Reinhart, Kritik und Krise. Eine Studie zur Pathogenese der bürgerlichen Welt, Freiburg 1959; Habermas, Jürgen, Strukturwandel der Öffentlichkeit. Untersuchungen zu einer Kategorie der bürgerlichen Gesellschaft, Neuwied 1962, mit einem aktualisierten Vorwort: Frankfurt am Main 1990.

58 Im folgenden vgl. Baker, Keith Michael, Politique et opinion publique sous l'Ancien régime, in: Annales E. S. C. 42 (1987); ders., Au tribunal de l'opinion: essais sur imaginaire politique au XVIIIe siècle, Paris 1992.

59 Linguet, zitiert bei Luhmann, Gesellschaftliche Struktur und Semantik [wie Anm. 6]; cf. Fehrenbach, Elisabeth, Art. »Nation«, in: Handbuch politisch-sozialer Grundbegriffe [wie Anm. 36].

60 Wagner, Michael, Art. »Parlements«, in: Handbuch politisch-sozialer Grundbegriffe [wie Anm. 35]; immer noch: Egret, Jean, Louis XV et l'opposition parlementaire, Paris 1970.

61 Le Goff, Jacques, Les intellectuels au Moyen Age, Paris 1957, S. 179–188 (deutsch: Die Intellektuellen im Mittelalter, Stuttgart 1991[3]); Ariès/Duby (Hg.), Geschichte des privaten Lebens [wie Anm. 26], Bd. 2, S. 393–619.

62 Montesquieu, Notes sur l'Angleterre, in: ders., Œuvres complètes, Bd. III, S. 284 f.; er unterscheidet zwischen der »Freiheit der ehrenwerten Leute« in London und der »Freiheit der Canaille« in Holland.

63 Im folgenden: Schmidt, Siegfried J., Die Selbstorganisation des Sozialsystems Literatur im 18. Jahrhundert, Frankfurt am Main 1989; Chartier, Roger, Pratiques de la lecture, Paris 1993; ders., Lecture et lecteurs dans la France d'Ancien Régime, Paris 1987 (deutsch: Lesewelten. Literatur und Lektüre in der frühen Neuzeit, Frankfurt am Main 1990).

64 Goulemot, Jean Marie, Ces livres qu'on ne lit que d'une main. Lecture et lecteurs de livres pornographiques au XVIIIe siècle, Aix-en-Provence

1991. (Deutsch: Gefährliche Bücher. Erotische Literatur, Pornographie, Leser und Zensur im 18. Jahrhundert, Reinbek 1993.)

65 Ollard, Richard, Pepys. A biography, New York 1984. Vgl. auch die Einleitung von Daniel Roche zu: Ménétra, J.-L., Journal de ma vie, Paris 1982; vgl. ders., Ménétra et Simon: autobiographies et ruptures de la conscience sociale, in: ders., Les républicains des lettres. Gens de culture et Lumières au XVIIIe siècle, Paris 1988, S. 371–388.

66 Chartier, Roger, Die Praktiken des Schreibens, in: Ariès/Chartier (Hg.), Geschichte des privaten Lebens, Bd. 3 [wie Anm. 26], S. 115–165; Hoock-Demarle, Marie-Claire, La rage d'écrire. Femmes-écrivains en Allemagne de 1790 à 1815, Aix-en-Provence 1990.

67 Kant, Immanuel, Beantwortung der Frage: Was ist Aufklärung?, urspr. in: Berlinische Monatsschrift, 30. September 1784; ders., Werke in zwölf Bänden, Bd. XI, Frankfurt am Main 1964, S. 53–61.

68 Im folgenden: Manheim, Ernst, Die Träger der öffentlichen Meinung – Studien zur Soziologie der Öffentlichkeit, Brünn/Prag/Leipzig/Wien 1933; ders., Aufklärung und öffentliche Meinung. Studien zur Soziologie der Öffentlichkeit im 18. Jahrhundert, Stuttgart 1979.

69 Insbesondere zu diesem immer noch vernachlässigten Aspekt: Roche, Daniel, Le siècle des Lumières en province. Académies et académiciens provinciaux, 1680–1789, Paris 1978; ders., Personnel culturel et représentation politique de la fin de l'Ancien régime aux premières années de la Révolution, in: Hinrichs/Schmitt/Vierhaus (Hg.), Vom Ancien Régime zur Französischen Revolution [wie Anm. 56]; Voss, Jürgen, Die Akademien als Organisationsträger der Wissenschaften im 18. Jahrhundert, in: Historische Zeitschrift 231 (1980); ders., Akademien und Gelehrtengesellschaften, in: Reinalter, Helmut (Hg.), Aufklärungsgesellschaften, Frankfurt am Main 1992.

70 Europäische Vergleichsstudien in: François, Etienne (Hg.), Sociabilité et société bourgeoise en France, en Allemagne et en Suisse, 1750–1850, Paris 1986.

71 Zur ersten Übersicht: Vierhaus, Rudolf, Aufklärung und Freimaurerei in Deutschland, in: Das Vergangene und die Geschichte, Göttingen 1973; ders. (Hg.), Deutsche patriotische und gemeinnützige Gesellschaften, München 1980; van Dülmen, Richard, Die Aufklärungsgesellschaften als Forschungsproblem, in: Francia 5 (1977); Reinalter, Helmut (Hg.), Freimaurer und Geheimbünde im 18. Jahrhundert in Mitteleuropa, Frankfurt am Main 1983; Ludz, Peter Christian (Hg.), Geheime Gesellschaften, Heidelberg 1979; Agethen, Manfred, Geheimbund und Utopie. Illuminaten, Freimaurer und deutsche Spätaufklärung, München 1984; Roche, Daniel, La sociabilité maçonnique, in: Franc-maçonnerie et Lumières au seuil de la Révolution française, Paris 1985; Schindler, Norbert, Freimaurerkultur im 18. Jahrhundert. Zur sozialen Funktion des Geheimnisses in der entstehen-

den bürgerlichen Gesellschaft, in: Berdahl, Robert u. a. (Hg.), Klassen und Kultur. Sozialanthropologische Perspektiven in der Geschichtsschreibung, Frankfurt am Main 1982, S. 205–262.

72 Die Aufklärung nach der Mode, Neustadt, Leipzig 1790, S. 125; Beschwerdebrief der Grande Loge Provinciale an den Grand Orient de France vom 4.7.1786 über eine Parfaite Harmonie de Marseille, Bibliothèque Nationale, FM2, 134 bis.

73 Roche, Le siècle des Lumières [wie Anm. 69], S. 257–280.

74 Nipperdey, Thomas, Verein als soziale Struktur in Deutschland im späten 18. und frühen 19. Jahrhundert, in: Geschichtswissenschaft und Vereinswesen im 19. Jahrhundert, Göttingen 1972.

75 Steiner, Gerhard, Freimaurer und Rosenkreuzer. Georg Forsters Weg durch die Geheimbünde, Berlin 1987.

76 Darnton, Robert, Der Mesmerismus und das Ende der Aufklärung in Frankreich, Berlin 1986.

77 Flandrin, Jean-Louis, Chaise et fourchette, in: Compagnon/Seebacher, L'esprit de l'Europe [wie Anm. 14], Bd. 2, S. 292–300.

78 Plessis, Alain, Gastronomie et société bourgeoise, in: Burguière/Revel, Histoire de la France [wie Anm. 12], S. 246 f.

79 Mennell, Stephen, Die Kultivierung des Appetits. Geschichte des Essens vom Mittelalter bis heute, Frankfurt am Main 1988; ders., All manners of food. Eating and taste in England and France from the Middle Age to the Present, Oxford, New York 1985; Revel, Jean-François, Un festin en paroles, Paris 1979.

80 Roche, Daniel, La France des Lumières, Paris 1993, S. 560–571.

81 Oberlé, Gérard, Les fastes de Bacchus et de Comus. Histoire du boire et du manger en Europe, de l'antiquité à nos jours, à travers les livres, Paris 1989.

82 Revel, Jean-François, Brillat-Savarin, ou le style aimable, (Einleitung zu:) Brillat-Savarin, Anthelme, Physiologie du goût, ou méditations de gastronomie transcendante, Paris 1982, S. 5–15.

83 Aron, Jean-Paul, Le mangeur du XIXe siècle, Paris 1973.

84 Im folgenden: Breen, T. H., The Character of the Good Ruler. Puritan Political Ideas in New England, 1630–1730, New York 1970; Bercovitch, Sacvan, The Puritan Origins of the American Self, New Haven, London 1975; Nash, Gary B., The Urban Crucible. Social Change, Political Consciousness, and the Origins of the American Revolution, Cambridge (Mass.) 1979; Bailyn, Bernard, The Ideological origins of the American Revolution, Cambridge (Mass.) 1967, 1992 (immer noch die beste Darstellung der amerikanischen Revolutionsmentalität); Wood, Gordon S., The Creation of the American Republic, 1776–1787, New York 1972; Bushman, Richard L., From Puritan to Yankee. Character and the Social Order in Connecticut, 1690–1765, Cambridge (Mass.) 1967, 1990; Morris, Richard B., Government and Labor in Early America, Boston 1991.

85 Zit. in: Bailyn, The Ideological Origins [wie Anm. 83], S. 169.

86 Roy, Thomas Sherrard, Stalward builders. The Grand Lodge of Masons in Massachusetts, 1733–1978, Worcester (Mass.) 1980.

87 Belege und ausführliche Darstellung bei Schrader, Art. »Représentation politique« [wie Anm. 35].

88 Vgl. Ziebura, Gilbert, Frankreich 1789–1870. Entstehung einer bürgerlichen Gesellschaftsformation, Frankfurt am Main 1979.

89 Wippermann, Wolfgang, Die Bonapartismustheorie von Marx und Engels, Stuttgart 1983.

90 Wüstemeyer, Manfred, Demokratische Diktatur. Zum politischen System des Bonapartismus im Zweiten Empire, Köln 1986.

91 Breite Darstellung bei Furet, François, La Révolution de Turgot à Jules Ferry, 1770–1880 (=Histoire de la France, Bd. 4), Paris´1988, S. 381–517.

92 Schulze, Hagen, Gibt es überhaupt eine deutsche Geschichte?, Berlin 1989; Benrekassa, Georges, Le cosmopolitisme, in: Compagnon / Seebacher, L'esprit de l'Europe [wie Anm. 14], S. 96–115.

93 Johnston, Otto J., Der deutsche Nationalmythos. Ursprung eines politischen Programms, Stuttgart 1990; Hobsbawm, Eric, Nations and Nationalism Since 1780. Programme, Myth, Reality, Cambridge 1990.

94 Koselleck, Reinhart, Preußen zwischen Reform und Revolution. Allgemeines Landrecht, Verwaltung und soziale Bewegung von 1791 bis 1848, Stuttgart 1975, Kap. 1 und 2.

95 Lützler, Paul Michael (Hg.), Europa. Analysen und Visionen der Romantiker, Frankfurt am Main. 1982; Bänsch, Dieter (Hg.), Zur Modernität der Romantik, Stuttgart 1977; Behler, Ernst, Unendliche Perfektibilität. Europäische Romantik und Französische Revolution, Paderborn 1989.

96 Beispiele in: Duroselle, Jean-Baptiste, L'Europe de 1815 à nos jours, Paris 1991; Carpentier, Jean/Lebrun, François (Hg.), Histoire de l'Europe, Paris 1990.

97 Thompson, E. P., Die Entstehung der englischen Arbeiterklasse, 2 Bde., Frankfurt am Main 1987; vgl. immer noch: Beer, Max, Geschichte des Sozialismus in England, Stuttgart 1913. – Der Begriff der widerständigen »moral economy« (moralische Ökonomie) wurde von Thompson geprägt, vgl. ders., Die moralische Ökonomie der englischen Unterschichten im 18. Jahrhundert, in: ders., Plebeische Kultur und moralische Ökonomie, Frankfurt am Main 1980, S. 66–130.

98 Im folgenden: (Linguet,) Théorie des loix civiles, ou principes fondamentaux de la société, London 1767; Paley, William, The Principles of Moral and Political Philosophy, Dublin 1788; Godwin, William, An Enquiry Concerning Political Justice, and its Influence on General Virtue and Happiness, London 1793; Paine, Thomas, Agrarian Justice, opposed to Agrarian Law, and to Agrarian Monopoly, London 1797. – Schrader, Fred E., Restauration und Revolution, Hildesheim 1980, S. 170–194.

99 Wakefield, Edward Gibbon, A View of the Art of Colonization, with Present Reference to the British Empire; in: Letters between a Statesman and a Colonist, London 1849.

100 So die Problematik bei Roche, Personnel culturel [wie Anm. 69], S. 499, 515.

101 Vgl. die Darstellung bei Habermas, Strukturwandel der Öffentlichkeit. [wie Anm. 57], Einleitung zur Neuausgabe, Frankfurt am Main 1990, S. 11 – 50.

Auswahlbibliographie

Agethen, Manfred, Geheimbund und Utopie. Illuminaten, Freimaurer und deutsche Spätaufklärung, München 1984

Aretin, Otmar Freiherr von, Das Reich. Friedensordnung und europäisches Gleichgewicht 1648–1806, Stuttgart 1986

ders., Das Alte Reich 1648–1806, Bd. 1, Stuttgart 1993

Aron, Jean-Paul, Le mangeur du XIXe siècle, Paris 1973

Aymard, Maurice, Freundschaft und Geselligkeit, in: Ariès, Philippe/Chartier, Roger (Hg.), Geschichte des privaten Lebens, Bd. 3: Von der Renaissance zur Aufklärung, Frankfurt am Main 1991, S. 451–496

Barnavi, Elie, La liberté. L'invention de la tolérance religieuse, in: Compagnon, Antoine/Seebacher, Jacques (Hg.), L'esprit de l'Europe, Bd. 2, Paris 1993, S. 86–95

Bély, Lucien, Les relations internationales en Europe. XVIIe–XVIIIe siècles, Paris 1992

Berman, Harold J., Law and Revolution. The Formation of the Western Legal Tradition, Cambridge (Mass.) 1983

Bourdieu, Pierre, Stratégies de reproduction et modes de domination, in: Bulletin d'information de la Mission historique française en Allemagne 26/27 (Juni/Dezember 1993), S. 125–141

Brubaker, Roger, Citizenship and Nationhood in France and Germany, Cambrigde (Mass.) 1992

Carpentier, Jean/Lebrun, François (Hg.), Histoire de l'Europe, Paris 1990

Chartier, Roger, Pratiques de la lecture, Paris 1993

Chaussinand-Nogaret, Guy (Hg.), Histoire des élites en France du XVIe au XXe siècles, Paris 1991

Darnton, Robert, Der Mesmerismus und das Ende der Aufklärung in Frankreich, München 1983

Darquennes, A., De Juridische Structuur van de Kerk volgens Sint Thomas van Aquino, Leuwen 1949

David, Marcel, Le printemps de la fraternité. Genèse et vicissitudes 1830–1851, Paris 1992

Duchardt, Heinz (Hg.), In Europas Mitte. Deutschland und seine Nachbarn, Bonn 1988

Elias, Norbert, Die höfische Gesellschaft, Untersuchungen zur Soziologie des Königtums und der höfischen Aristokratie, Darmstadt 1969

ders., Über den Prozeß der Zivilisation, 2 Bde., Bern 1969

Endruweit, Günter, Elitebegriffe in den Sozialwissenschaften, in: Zeitschrift für Politik 26 (1976), S. 30–46

Engel, J. (Hg.), Handbuch der europäischen Geschichte, Bd. 3, Berlin 1971

Febvre, Lucien, Pour une histoire à part entière, Paris 1962

ders., Amour sacré, amour profane. Autour de l'Heptaméron, Paris 1944

Foucher, Michel, L'invention des frontières. Fondation pour les études de défenses nationale, Paris 1986

Françoise, Etienne (Hg.), Sociabilité et société bourgeoise en France, en Allemagne et en Suisse, 1750–1850, Paris 1986

Garrisson, Janine, Les protestants au XVIe siècle, Paris 1988

Grafton, Anthony, Defenders of the text. The tradition of scholarship in an age of science, 1450–1800, Cambridge (Mass.) 1991

Hobsbawm, Eric, Nationen und Nationalismus. Mythos und Realität seit 1780, Frankfurt am Main 1992

Jouanna, Arlette, La genèse des èlites modernes ou les chemins de la distinction, in: Chaussinand-Nogaret, Guy (Hg.), Histoire des élites en France du XVIe au XXe siècle, Paris 1991

Kaeber, Ernst, Die Idee des europäischen Gleichgewichts in der publizistischen Literatur bis zur Mitte des 19. Jahrhunderts, 1907, Nd. Hildesheim 1971

Leclerc, Joseph, Geschichte der Religionsfreiheit im Zeitalter der Reformation, Stuttgart 1965

Ludz, Peter Christian (Hg.), Geheime Gesellschaften, Heidelberg 1979

Luhmann, Niklas, Gesellschaftsstruktur und Semantik, Studien zur Wissenssoziologie der modernen Gesellschaft, Bd. 1, Frankfurt am Main 1993

Lützler, Paul Michael (Hg.), Europa. Analysen und Visionen der Romantiker, Frankfurt am Main 1982

Manheim, Ernst, Aufklärung und öffentliche Meinung. Studien zur Soziologie der Öffentlichkeit im 18. Jahrhundert, 1933, Nd. Stuttgart 1979

Mennell, Stephen, All manners of food. Eating and taste in England and France from the Middle Ages to the Present, Oxford 1985

Nipperdey, Thomas, Verein als soziale Struktur in Deutschland im späten 18. und frühen 19. Jahrhundert, in: Geschichtswissenschaft und Vereinswesen im 19. Jahrhundert, Göttingen 1972

Oberlé, Gérard, Les fastes de Bacchus et de Comus. Histoire du boire et du manger en Europe, de l'antiquité à nos jours, à travers les livres, Paris 1989

Plessis, Alain, Gastronomie et société bourgeoise, in: Burguière, André / Revel, Jean-François, Histoire de la France. Les formes de la culture, Paris 1993

Revel, Jean-François, Un festin en paroles, Paris 1979

Richet, Denis, La France moderne: L'esprit des institutions, Paris 1973

ders., De la Réforme à la Révolution, Paris 1991

Ritter, Gerhard, Die Ausprägung deutscher und westeuropäischer Geistesart im konfessionellen Zeitalter, in: Historische Zeitschrift 149 (1934), S. 240–252

Roels, Jean, Le concept de représentation politique au dix-huitième siècle français, Leuwen 1969

Root, Hilton L., La construction de l'Etat moderne en Europe. La France et l'Angleterre, Paris 1994

Schilling, Heinz, Konfessionalisierung und Formierung eines internationalen Systems während der Frühen Neuzeit, in: Archiv für Reformationsgeschichte 1993

Todd, Immanuel, L'invention de l'Europe, Paris 1990

Wuthnow, Robert, Communities of discourse. Ideology and social structure in the Reformation, the Enlightenment, and European socialism, Cambridge (Mass.) 1991

Zeittafel

Abbildungsnachweis

1 Hogenberg, Das Massaker in Saint-Valérie, rue de la Somme, 1570, Paris, Bibliothèque Nationale
2 The Harvard Bookseller, Houghton Library, Harvard University
3 Jean-Baptiste de Champaigne und Nicolas de Platte-Montagne, Portrait des deux artistes, 1654, Rotterdam, Museum Boymans-Van Beuningen
4 Collège von Navarra, 18. Jahrhundert, Paris, Bibliothèque Nationale
5 B. Picart, Die Freimaurer, in: Cérémonies et coutumes religieuses de tous les peuples du monde, Paris 1736

Danksagung

Die vorliegende Arbeit ist im Zusammenhang meines von der Volkswagen-Stiftung (Hannover) geförderten Forschungsprojekts »Soziabilitätsformen städtischer Eliten im Umbruch. Konflikt- und Integrationsstrukturen im Vergleich, Hamburg–Bordeaux 1750–1850« entstanden, welches ich am Seminar für neuere Geschichte der Universität Mannheim durchgeführt habe. Mein persönlicher Dank gilt den Herren Edgar Wolfrum und Michael Erbe, welche mir von Stiftungs- und Seminarseite die Durchführung dieses Vorhabens großzügig und hilfreich ermöglicht haben.

Vorüberlegungen zum weiteren Themenbereich entstanden im Kontext meiner Vorlesungen und Seminare, welche ich in den drei Studienjahren 1989/90–1992/93 an der Ecole des Hautes Etudes en Sciences Sociales und den Universitäten Paris VIII (Saint-Denis) und Paris I (Panthéon-Sorbonne) durchgeführt habe. Hier bin ich den Herren Clemens Heller, Maurice Aymard, Roger Chartier, Jacques Le Rider, Etienne François, Michel Espagne und Michael Werner zu nicht minder herzlichem Dank verpflichtet.

Selbstverständlich liegt aber die Verantwortung für die Fehler des Textes ausschließlich bei mir.

Europäische Geschichte

Herausgegeben von Wolfgang Benz

Konzeption: Wolfgang Benz,
Rebekka Habermas und Walter H. Pehle

Band 60113

Band 60101

Band 60102

Europa entdecken – die neue Reihe

Die neue Fischer-Buchreihe *Europäische Geschichte* lädt ein zur Entdeckung Europas, blickt weit über nationale Grenzen hinweg und macht mit einem breiten Themenspektrum gemeinsame, aber auch trennende historische Entwicklungen deutlich.

Die 65 Autorinnen und Autoren der *Europäischen Geschichte* bieten aus höchst unterschiedlichen Perspektiven neuartige historische Überblicke von der Antike bis zur Gegenwart.

Die Buchreihe *Europäische Geschichte* besteht ausschließlich aus Originalausgaben. Die knappen und gut lesbaren Darstellungen wenden sich an ein breites Publikum, das sachliche Information ebenso schätzt wie deren anschauliche Darbietung.

Fischer Taschenbuch Verlag

fi 1701 / 3 a

Europäische Geschichte

Herausgegeben von Wolfgang Benz

Fischer Taschenbuch Verlag

Joscha Schmierer
Mein Name sei Europa
Einigung ohne Mythos und Utopie
Band 13212

Die europäische Einigung ist ins Stocken geraten, und das aus mehreren Gründen: Das Ende des Ost-West-Konflikts wirft die Frage auf, ob die nächsten Anstrengungen eher einer *Erweiterung* der Europäischen Union gelten sollen oder ob die *Vertiefung* der bisherigen, auf das westliche Europa beschränkten Gemeinschaft im Vordergrund stehen sollte. – Die Anforderungen, die die bevorstehende Währungsunion an die einzelnen Volkswirtschaften stellt, drohen die Zustimmung der Bürger zur europäischen Einigung zu erschüttern. – Einen ähnlichen Effekt hat auch das Demokratiedefizit der Europäischen Union: Die Entscheidungen aus Brüssel wirken immer direkter auf unser aller Leben, aber unsere Mitspracherechte sind derzeit noch unterentwickelt. Aus dem Blick gerät angesichts dieser aktuellen Schwierigkeiten leicht, was für ein gewaltiger Friedenserfolg allein die bisher schon erreichte europäische Einigung ist. Wer hätte vor fünfzig Jahren wohl zu hoffen gewagt, daß die europäischen Mächte wenige Jahrzehnte nach dem Zweiten Weltkrieg nicht mehr in Kriegen mit Massenheeren aufeinander losgehen würden, sondern in Konferenzen um Milchquoten streiten? In einer Reihe von historisch fundierten Essays, die die geopolitische Konstellation ebenso berücksichtigen wie die gegenwärtigen Entscheidungszwänge und die zukünftigen Weichenstellungen, plädiert Joscha Schmierer für eine entschlossene Fortsetzung der europäischen Einigung.

Fischer Taschenbuch Verlag

fi 474 / 3

Hoffnung Europa

Deutsche Essays von
Novalis bis Enzensberger

Herausgegeben von
Paul Michael Lützeler

509 Seiten. Leinen

Seit rund 200 Jahren gehört die Einigung Europas zu den wesentlichen politischen Visionen der Schriftsteller: Von Novalis' Fragment *Die Christen oder Europa* bis zu Enzensbergers Essay *Brüssel oder Europa* beschäftigte das allmähliche Näherrücken der abendländischen Kulturen Phantasie und Geist zahlreicher großer Autoren zumal in Deutschland. Im Gegensatz zu den sozialistischen Utopien, die zur Zeit weitgehend diskreditiert sind, nimmt die europäische Idee immer konkretere Formen an – und scheint als einzige aktuelle politische Vision Widerstand gegen das erneute Aufleben extremer nationalistischer Tendenzen zu bieten. Auch wenn die Europa-Pläne der Brüsseler Politiker bei vielen Bürgern des Kontinents auf wenig Gegenliebe treffen, wird die Einigung der »Alten Welt« auf Jahrzehnte hinaus eines der bestimmenden und zugleich positiven Zukunftsbilder bleiben. Der Herausgeber, der 1992 eine umfangreiche Studie zum Thema *Die Schriftsteller und Europa* publizierte, arbeitet in seinem Nachwort die wesentlichen Argumentationslinien der Autoren über zwei Jahrhunderte hinweg heraus und beschreibt zudem, wie sich die Idee des vereinten Europas heute in die Entwicklung hin zu multikulturellen und regionalen Strukturen einfügt.

S. Fischer